敏捷审计
转型与超越

AGILE AUDIT
TRANSFORMATION
AND BEYOND

[瑞典]

托比·德罗什

Toby DeRoche

———

著

中国商业会计学会

———

译

U0336982

机械工业出版社
CHINA MACHINE PRESS

本书旗帜鲜明地提出了从传统审计向敏捷审计转型的意义、价值和优势，深入阐述了敏捷审计的定义、价值观和原则，并结合案例围绕敏捷审计全生命周期系统地介绍了敏捷审计转型的方法和路径，特别介绍了敏捷审计风险评估、审计计划和审计报告等要点。同时，围绕敏捷审计转型，提供了全面转型和分阶段转型两条路线，并提出了与其他职能联合确认的整合方案。此外，还特别强调了在转型过程中对 IIA 标准的遵循。

本书是一部绝佳的敏捷审计转型指南，为渴望在不确定的时代，更好地满足利益相关方需求、保障组织实现战略目标的审计部门和审计同人，提供了一套可学习、可借鉴、可落地的系统解决方案。

Toby DeRoche. Agile Audit Transformation and Beyond.

ISBN 978- 1-032-06289-1

Copyright © 2022 by CRC Press.

Authorized translation from English language edition published by CRC Press, part of Taylor & Francis Group LLC. All rights reserved.

Simplified Chinese Edition Copyright © 2024 by China Machine Press.

China Machine Press is authorized to publish and distribute exclusively the Chinese (Simplified Characters) language edition. This edition is authorized for sale in the Chinese mainland (excluding Hong Kong SAR, Macao SAR and Taiwan).

No part of the publication may be reproduced or distributed by any means, or stored in a database or retrieval system, without the prior written permission of the publisher.

Copies of this book sold without a Taylor & Francis sticker on the back cover are unauthorized and illegal.

本书原版由 Taylor & Francis 出版集团旗下 CRC 出版公司出版，并经其授权翻译出版。版权所有，侵权必究。

本书中文简体翻译版授权由机械工业出版社独家出版，仅限在中国大陆地区（不包括香港、澳门特别行政区及台湾地区）销售。未经出版者书面许可，不得以任何方式复制或发行本书的任何部分。

本书封底贴有 Taylor & Francis 公司防伪标签，无标签者不得销售。

北京市版权局著作权合同登记：图字 01-2024-2227 号。

图书在版编目（CIP）数据

敏捷审计转型与超越 /（瑞典）托比·德罗什（Toby DeRoche）著；中国商业会计学会译 . -- 北京：机械工业出版社，2024. 12. -- ISBN 978-7-111-76947 -7

I. F239

中国国家版本馆 CIP 数据核字第 202453EE27 号

机械工业出版社（北京市百万庄大街 22 号　邮政编码 100037）
策划编辑：石美华　　　　　　　　　责任编辑：石美华　刘新艳
责任校对：王小童　杨　霞　景　飞　责任印制：刘　媛
涿州市京南印刷厂印刷
2025 年 2 月第 1 版第 1 次印刷
170mm×230mm · 16.75 印张 · 146 千字
标准书号：ISBN 978-7-111-76947-7
定价：69.00 元

电话服务　　　　　　　　　　　网络服务
客服电话：010-88361066　　　机　工　官　网：www.cmpbook.com
　　　　　010-88379833　　　机　工　官　博：weibo.com/cmp1952
　　　　　010-68326294　　　金　书　网：www.golden-book.com
封底无防伪标均为盗版　　　机工教育服务网：www.cmpedu.com

智慧就是适应变化的能力。

——斯蒂芬·霍金

推开敏捷审计之窗，拥抱转型与超越

这是一个明媚的夏日，我刻意选择了我将搭乘的航班，就在飞机攀至浩渺蓝天的那一刻，我开始研读这本刚刚翻译脱稿、墨香犹存的书——《敏捷审计转型与超越》。我赋予了此书别样的仪式感：一本高水准的书理应在蓝天白云伴随的高空中品读。我将穿越时空与作者对话，踏上一场内部审计领域的创新之旅……

我们今天置身的时代，是两股重大的历史潮流加速聚集的时代：一是世界正在经历百年未有之大变局，二是人类正在经历数字经济带来的重大变革。身处时代变局中的每个内部审计人员，面对乌卡时代（VUCA时代）的风险及所处组织各业务条线的敏捷变化，都面临被边缘化的风险，我们的路在何方？《敏捷审计转型与超越》为我们推开了一扇窗。

敏捷审计是我们许多审计人员众望所归却又望而却步的

"坎"。而这本书告诉我们，敏捷审计不必太复杂。内部审计循规蹈矩的年度审计计划已无法满足利益相关方的需求，我们需要灵活。"数据 + 速度"的审计，方能跟上企业行动的速度。

敏捷审计是一种以客户为中心、聚焦组织最重要的风险、用更短的审计生命周期（从风险评估到出具审计报告）获取并与管理层分享风险洞察的计划和实施审计项目的方法。当你有勇气去尝试一下变革的滋味时，你会发现它是一种方法，更代表了一种乐于接受变革的文化。它属于那些不甘平庸、为梦想奋斗、向往先进的科技、渴望幸福工作和生活的人。

在中国，敢为人先的顺丰集团审计部，已经勇敢地迈出了践行敏捷审计的第一步。2023 年 9 月 9 日，中国商业会计学会具有里程碑意义的"敏捷审计思创会"在深圳举办。这一天，我们在中国改革开放最前沿的深圳特区吹响了敏捷审计的集结号，那一天，深圳下了一场超历史纪录的特大暴雨，它检验着我们拥抱变革的信念，从祖国四面八方汇聚而来的志同道合的有识之士齐聚于此，其中有专家教授，也有普通的内审人。

绚丽的思想火花在这里激烈地碰撞，大家齐聚一堂，只因我们对内部审计这份职业的爱、对这份职业的忧，我们在共同勾勒、践行中国敏捷审计的线路图。这就像 2001 年的美国犹他州雪鸟城，17 位软件开发先驱齐聚一堂，面对传统软件开发无法满足客户更快交付有价值软件产品需求的巨大压力，他们打破旧有束缚，发布了具有划时代意义的《敏捷宣言》。隔行不隔理，敏捷背后的哲学理念开始融入各行各业。

我们喜爱这本书的袖珍篇幅和言简意赅，它处处折射着以人为本的光辉，以利他之心的魅力吸引着读者，翻开它，就再难停下。每一章读完，都有一种如获至宝的冲动，你会情不自禁地去重温那些让你熟悉、你尝过其中甜酸苦辣的职业共鸣场景，如数家珍般复盘那些要点，记下那些能学以致用的故事。阅读的过程是一个学习对标的过程、自我反省的过程，它像一面行走的镜子，映照出我们的身影。

我们喜爱这本书的诚实，每个企业都有自己的血型和自己的文化，而文化决定敏捷审计转型的成败。我们看到在敏捷转型的团队里，审计师会复盘庆祝每一次胜利以激励未来的自己，即使遭遇失败也没关系，吸取一次错误的教训比记住一次成功的经验，留下的印象更深刻。

书中，作者坦诚与读者讨论敏捷审计的利弊，甚至是容易踩的"坑"，敏捷审计并不适合每一个人，也不存在一成不变或"万能"的敏捷审计转型方案，我们应该"具体情况具体分析"。

我们努力在可以应用、可以拓展的地方去应用它、拓展它；在条件尚不完备时采用传统审计与敏捷审计的交叉过渡，摸着石头过河；在抗拒变革的环境中则应谨慎，欲速则不达。我们想，这应该是所有人面对一个新领域或新概念时应有的科学态度。

　　我们还喜爱这本书带给我们的太多好奇和它所引发的追根溯源。

　　为什么审计不是盯着一个个实体部门，而是盯着风险？为什么审计师很可能根本不需要打开文件柜，那么如何去定责与追责？

　　为什么作为我们审计成就证据的审计报告不是必需的，有时甚至被认为是多余的？为什么要把首席审计官改称产品经理，把审计负责人改称敏捷教练，连审计团队也改称敏捷团队？为什么同样的审计术语在敏捷审计中变得如此浪漫而有诗意？为什么把审计计划改称史诗，把审计项目改称故事，把审计程序改称冲刺？为什么要设立每日站立会？参会者为什么还包括被审计方的关键成员，如果涉及舞弊，不怕"走风漏气"吗？

　　带着这些问号读完整本书后，你会豁然开朗。一切答案都藏在敏捷审计的4个价值观和12条审计原则的践行过程中。你只须找到一个问题的答案，其他的问题就会迎刃而解，敏捷审计是一套体系、一张网，你只要提起大网的总绳，一整张网都会为你收紧，它让我们感受到那种属于探索者的恍然大悟的快乐。

我们更喜欢这本书的求真务实。全书从第一章开始，就开辟了一个"案例研究"专栏，作者巧妙地把大量真实案例改编为一个反映了真实案例共性的完整故事，它记录了一个典型的审计部门踏上敏捷审计转型之旅的点点滴滴，故事场景真实可信，有极强的代入感和可操作性。它像一张伴随我们去旅游的地图，更像一份指导我们操作 RPA 审计机器人的说明书。每章都设立了互动式问答，把我们带进一个可听、可看、可参与的敏捷审计体验营。它吸引着每一位读者：我们为什么不可以去试试呢？世界上最后悔的事情不是失败，而是我本可以。

怎样拥抱转型？怎样实现超越？换种想法，就会换种活法。敏捷审计和我们传统审计的生命周期别无二样，只是传统审计的生命周期是端到端的线性过程，而敏捷审计的生命周期本质上是不断纳入新兴风险的循环过程，它的曲线呈波浪式前进、螺旋式上升，这就决定了敏捷审计的首要任务是通过审计关键风险和新兴风险来支持管理层达成目标。

这就要求我们的思维从实体覆盖转向风险覆盖，即我们审计盯着的不是一个个实体部门，而是风险，是"风"的所到之处。

高级管理层关注的不是你的审计计划有没有完成。一旦了解了关键风险和新兴风险的控制措施，我们就可以选择停止现有项目，更高效地利用有限的时间和资源去冲刺新的项目。

这一过程直接将我们审计执行的工作与战略规划联系起来了，它改变了审计工作的本质，提升了审计工作的价值。我们审计的交流和报告不仅要表达审计确认中的怎么样，而且要阐述为什么。我们不再仅限于检查所有的门是否都被关上了，还要帮助组织决定新的门开在哪里。这使我们内部审计成为真正值得管理层信赖的顾问，成为变革的推动者。

今天，各行各业都在解读敏捷管理的价值观，1 000 个读者的眼中就有 1 000 个哈姆雷特。在我们的眼中，"以人为本"是敏捷审计的灵魂，它表述的以下四大价值观更注重人与人之间的交流合作，对于目标的成功和价值创造来说更为关键和直接。

1. 利益相关方互动高于刻板和政治

内部审计部门具有极为特殊的地位，是信息和知识的传播者。这使得我们能 360 度全方位地审视利益相关方面对的风险和机遇，并把机遇纳入审计范围。而利益相关方也希望与内部审计部门建立良好的关系，希望内部审计人员与他们进行面对面的沟通，而非只依靠书面交流汇报审计发现。

我们无须关注刻板的职能架构和流程，被职能不清的部门割裂的不易看见也难以管理的破碎性流程会混淆我们的视线。

2. 提供洞察高于正式报告

有效的洞察基于前期的风险评估和按优先级排序的风险清单、团队成员之间面对面的交流和定期的站立会，这使得每个冲刺结束时，内部审计与管理层可以对前期工作进行小结和对规律进行提炼。个案的背后是类案，规律的背后是真相，敏捷审计的洞察体现在制定待办事项时"一项多审，一审多果，一果多用"的叠加成效。因此审计结束应该是非高潮性的，最后的冲刺评审会议就是审计结束会议。

因此，为咬文嚼字耗费时间的审计报告被视为没有必要。但对于需要编制公开发布的审计报告的组织，应当"专业术语通俗化，复杂问题简单化"，报告最好包含更多摘要信息且图文并茂，以减轻审计对象对报告的担忧和恐惧。

3. 管理协同高于问题博弈

的确，内部审计报告固有的批判性和审计证据的威胁性，很难让外界感受到善意，外界始终对我们抱有警惕。因此，审计沟通成为内部审计部门亟待提升的第一技能。"讲述审计故事，传播审计思想"是我们与外界沟通的桥梁，但它不是去攻克一座山，而是去播下一粒种。

"护航组织，点亮未来"是优秀审计部门的使命愿景。敏捷审计把审计对象视为客户，"遇到问题找方法，而不是一味追查当事人"。敏捷审计团队是其他部门的战略伙伴，他们扛起背包、拿起锹，和其他部门一同去增加土地的肥力，成为企业极具价值的资源。

4. 风险响应高于实体覆盖

我们所做的一切都是在平衡风险与资源。

敏捷确认涵盖了内部审计、风险管理、IT 治理、合规以及许多潜在的其他治理职能。怎样让这些职能形成合力？在国际上，IIA 于 2020 年 7 月对原有的三道防线模型修订后正式发布了全新的三线模型，新模型改变了许多组织看待风险、控制、协作、沟通、问责、确认等方面的方式，更符合今天的现实。在中国，内部审计师有心用一条线把这些分散的治理职能全串起来，这条线就是"强内控、防风险、促合规、建机制、创绩效"，其成效体现为在风险响应时握拳聚指、敏捷发力。

变革难免伴随着阵痛。基于价值观的 12 条敏捷审计原则旨在将我们的部门转变为能够以风险的速度进行审计的高绩效团队。这一定是一支走出舒适区，能够"自我超越、改善心智模式、建立共同愿景、团体学习和系统思考"的学习型团队。

在一个"言必称数据"的时代，要想以风险的速度进行审计，除了具备数字化审计技能和交叉专业跨界渗透技能，关键是要善于识别"风"的起源和条件，就像人们掌握了台风起源于广阔的热带或副热带洋面，从对流云团的初始扰动到大气中不稳定能量推波助澜，直至形成特大风暴的规律，从而能够预测和应对这种极端天气事件，减少它对人类生活和经济的伤害一样。

我们看到了"风"的起源，世界上的很多问题，最终都是人的问题。和自然风险不同，技术风险和制度性风险都是人类的决策和行为造成的，是"有目的之行动的非预期后果"。在所有的经济活动中，人的行为是一切经济后果的本原。在所有风险识别中，抓住了人的行为就抓住了风险的源头，它让我们摆脱了传统审计"脱离环境死盯账本，见物不见人，见人不见人性"的弊端，创造出事半功倍于传统审计的价值。

如果"向高级管理层提供风险和控制环境的洞察"是审计进

度的最终衡量标准的话，那么践行"以人及其行为"为中心、为根本的审计，就是敏捷审计要追寻的"星辰大海"。

最后，我要郑重地向各位读者介绍承担本书翻译工作的译者，中国商业会计学会风控与审计分会常务副秘书长谢建中先生。他以默默奉献的敬业精神和高度的专业素养承担了本书的翻译工作，这本书字里行间洋溢着他在内部审计领域厚积薄发的专业造诣、深厚的语言功底和卓越的翻译技巧，使得读者能够原汁原味地领略书中的专业内容。

我希望每一位内部审计人员都能读到这本书，任何一位希望成为变革者、让审计工作既敏捷又快乐、实现企业和个人价值双重提升的审计人员都能从中受益。

谭丽丽

内部审计的进化与迭代，兼谈内部审计的未来

应对前所未有的挑战，呼唤敏捷审计

处在世界百年未有之大变局的今天，组织面临的风险变得更加不可预知，如何更好地护航组织、点亮未来？这是内部审计必须面对的挑战。国内外的内部审计同人一直在探索这个问题的答案。国际内部审计师协会前秘书长兼首席执行官理查德·钱伯斯曾提出，内部审计应当以风险的速度进行审计。对此，我深表赞同。在充满不确定性的环境中，只有做到敏捷，内部审计才能适应快速变化的风险，确保自身的生存和发展。

正如达尔文在其著作《物种起源》中所言："能够生存下来的物种，不是最强大的，也不是最聪明的，而是最能适应变化的。"霍金也曾说过："智慧就是适应变化的能力。"敏捷审计的核心不在于速度，而在于快速适应变化。因此，敏捷审计也是一种"智

慧审计",是内部审计应对当前挑战的明智选择。

推广敏捷审计理念,我们一直在行动

中国商业会计学会风控与审计分会自 2020 年 12 月 12 日成立以来,始终秉承"护航组织,点亮未来"的使命愿景,积极引领行业发展,并致力于推广敏捷审计理念。分会举办了一系列活动,其中包括 2023 年在深圳举办的"敏捷审计思创会",以及 2023 年和 2024 年连续两年与上海国家会计学院合作举办的内部审计高质量发展论坛,这几场活动均将敏捷审计作为一项重要议题,在业内产生了轰动性影响,2024 年论坛的新闻稿阅读量更是超过了百万。

分会领导均积极拥抱敏捷审计的理念。分会常务副会长、顺丰集团首席审计执行官刘国华是国内最早倡导和实践敏捷审计理念的先驱,为"敏捷审计"理念在中国的落地做出了突出贡献。分会副会长赵晓红在看到托比·德罗什的《敏捷审计转型与超越》一书后,提议由分会组织翻译成中文,以进一步推广敏捷审计理念。会长谭丽丽积极支持,并迅速协调机械工业出版社,敲定了翻译事宜。分会领导决定将这一任务交由我负责,作为分会的常务副秘书长,我深感责任重大,义不容辞。因为我知道,为了实现"护航组织,点亮未来"的使命愿景,分会必须架起国际国内沟通的桥梁，必须用先进的理念赋能会员和同人，这样才能共同生存、一起向未来。

怀揣敏捷审计转型指南，开启"奥德赛之旅"冒险

《敏捷审计转型与超越》这本书的书名给人带来力量和勇气。作者托比·德罗什是一位在美国审计领域以其深刻洞察和广泛影响著称的同行。他不但极为专业，而且乐于分享。他的博客与理查德·钱伯斯的博客并驾齐驱，被誉为"当今及未来内部审计专业人才不可错过的五大博客"之一，凸显了他在内部审计领域的卓越地位。

什么是敏捷审计？如何准确定义敏捷审计呢？作者认为，敏捷审计是一种以客户为中心、聚焦组织最重要的风险、用更短的审计生命周期获取并与管理层分享风险洞察的计划和实施审计项目的方法。书中旗帜鲜明地提出了从传统审计向敏捷审计转型的意义、价值和优势，深入阐述了敏捷审计的定义、价值观和原则，并结合案例，围绕敏捷审计全生命周期系统地介绍了敏捷审计转型的方法和路径，特别介绍了敏捷审计风险评估、审计计划和审计报告等要点。同时，围绕敏捷审计转型，提供了全面转型和分阶段转型两条路线，并提出了与其他职能联合确认的整合方案。

本书是一部敏捷审计转型指南，为渴望在不确定的时代更好地满足利益相关方需求、保障组织实现战略目标的内部审计部门和内部审计同人提供了一套可学习、可借鉴、可落地的系统解决方案。书中有很多有趣的术语，比如史诗、故事、冲刺、燃尽图、站立会等。想起史诗，也许你会很自然地想起希腊神话，想起《荷马史诗》，想起奥德赛。在敏捷审计中，审计计划就是一部"史诗"，审计计划中的每一个审计项目就是一个"故事"，审计的每一个风险则是一个"冲刺"。审计就是要在充分了解一个领域的基础上向高级管理层讲述一个组织在哪些方面做得好、哪些方面做得不好的故事。敏捷审计转型像奥德赛的返乡之旅一样，堪称一次"冒险"。

敏捷审计转型不会一蹴而就，需要信念、勇气和实践

如果读到这里你已经摩拳擦掌、跃跃欲试，想要尽快推动敏捷审计转型，我还要谨慎地提醒一点：每一枚硬币都有两面，敏捷审计并非没有缺点，敏捷审计转型也不会一蹴而就。

作者在书中并非一味鼓吹敏捷审计的优势，他清楚地指出了敏捷审计转型带来的风险，以及转型中可能遇到的种种陷阱，并给出了建议和解决方案。书中用一家公司内部审计部门的转型过程作为案例研究贯穿始终，形象地描述了该部门敏捷审计转型的

过程及转型中遇到的种种问题。同时，作者在每一章结尾都列出了一组问题，帮助读者厘清组织的现状及目标，思考是否一定要转型，如果转型该采取哪种方式、做哪些准备，以便更好地与组织实际相结合。

本书可以帮助管理层和治理层更深入地思考组织需要什么样的内部审计，以更好地应对风险；帮助首席审计执行官和审计部门负责人更有针对性地计划和开展审计项目，以更好地满足利益相关方的需求；帮助内控、合规、风险等职能部门负责人更全面地理解联合确认的理念，以更好地互相协同；帮助审计人员更容易发现对组织更重要、更有价值的问题，以更好地创造价值、收获成就感……

敏捷审计转型之旅不会一帆风顺，也不可能一蹴而就。因为这不仅是方法、技术、手段，或是组织架构、人员分工的转型，更是理念的转型、思想的革新，需要每一位高级管理人员、首席审计执行官、审计负责人、审计人员坚定信念、鼓足勇气、大胆实践。

创造和书写内部审计的未来，让我们携手奔赴希望

影响组织战略目标实现的风险在哪里？阻碍组织成为百年老

店的原因究竟是什么？内部审计将何去何从？面对这些灵魂拷问，每个人心中可能都有不同的答案。对于国内组织与国外组织，对于国内的不同组织，这一答案可能都有所不同。

随着我国进入中国特色社会主义新时代，审计也进入了蓬勃发展的春天。内部审计从未像今天这样受到重视，从未有过今天这样的地位，也从未面临今天这样大的压力。地位始终是与责任、能力、作为相匹配的，德不配位则必有灾殃。因此，要做好新时代的审计工作，必须要做到敏捷。

虽然敏捷审计有很多优势，但敏捷审计并非万能。对于一个组织而言，变化的是环境，不变的是保持生命力和竞争力。组织若想构建百年基业，硬实力与软实力缺一不可。如果说战略是组织的核心竞争力，是硬实力；文化则是组织的生命力，是软实力，只有文化才能生生不息。

内部审计如何走向未来呢？

我认为，内部审计要始终聚焦组织的战略和文化，重点关注政策与监管合规、数据和信息安全、人工智能及新技术替代、人才与组织文化等重大风险；内部审计人要积极拥抱变化和变革，与组织同频共舞，坚持进化和迭代、终身学习与成长。

路漫漫其修远兮，吾将上下而求索。内部审计的未来虽然充满困难和挑战，但也充满希望和阳光，值得我们一起去探索、创造和奔赴。让我们携手共同书写内部审计春天的故事！

　　最后，特别感谢中国商业会计学会风控与审计分会谭丽丽会长、刘国华常务副会长、周美蓉副会长、赵晓红副会长、黄冬根秘书长等分会领导的信任和鼓励；感谢机械工业出版社策划编辑老师的认可和指导；感谢邱慧老师的支持和帮助；感谢周爱伟老师、曾晓玲老师和我的同事边宇彤老师帮忙核对；感谢我的家人给予的关爱和支持。

　　由于水平有限，如果您对翻译的内容有任何疑问，欢迎批评指正。

谢建中

|目录|

第一章

定义敏捷审计

本章开门见山地提出了敏捷审计的定义、价值观和原则，阐述了敏捷审计转型的目标、优势，并将敏捷审计与传统审计进行了对比，对照了敏捷角色和敏捷术语，同时强调"敏捷审计不必太复杂"的观点，提供了清晰的理解框架。

敏捷审计简介

随着越来越多的审计部门开始探索敏捷审计，敏捷审计的定义变得越来越清晰。软件开发人员和项目经理常用"敏捷"来描述一种思维模式，即基于不断变化的需求和优先级更快产出结果。我们认为，敏捷审计是一种以客户为中心的计划和实施审计项目的方法，它聚焦组织最重要的风险，用更短的审计生命周期（从风险评估到出具审计报告）获取并与管理层分享风险洞察。我们可以在整个审计生命周期中应用敏捷审计的方法，包括风险评估、审计计划、现场审计和出具审计报告四个阶段。在本书中，我们将使用该定义来探讨敏捷转型如何重塑审计部门。

为了全面理解敏捷审计的概念，让我们从该概念的源头开始探讨。在过去 40 年里，"零库存""六西格玛""全面质量管理"和"精益"等理念推动业务运营更加高效。2001 年初，一群 IT 专业人士起草了《敏捷宣言》[⊖]，里面阐述了敏捷的价值观和原则。

㊀ 肯特·贝克等：《敏捷宣言》，敏捷联盟，2001。

从那时起，许多组织（包括内部审计）为了满足它们部分或全部业务的需要，已采纳并转向敏捷思维模式。

初始建立敏捷思维模式，关键是要创建一套价值观和原则。下面这四个价值观强调了在敏捷审计环境下最为重要的因素（见图 1-1）。作为审计师，我们也根据需要采纳并更新了我们的价值观和原则。

敏捷审计价值观

图 1-1　敏捷审计价值观

利益相关方互动高于刻板和政治。在任何组织中，刻板地遵守沟通时间表和内部政治规矩，限制了内部审计向依赖审计工作的管理层和利益相关方传递信息。通过更重视与利益相关方的互动，我们向利益相关方传递更多信息。

提供洞察高于正式报告。内部审计提供了对组织风险敞口的深刻洞察。遗憾的是，当被审计方与审计管理层就审计报告的措辞争论不休时，这些信息往往就被冲淡或忽视了。当我们专注于提供洞察时，信息的实质就重于形式。

管理协同高于问题博弈。 在大多数审计过程中，控制的薄弱环节会暴露出来。我们不应把时间浪费在问题博弈上，而应通过与管理层的团队协作来更好地为组织服务。内部审计的优势在于我们知道应该让哪些人参与跨部门的整改行动。

风险响应高于实体覆盖。 内部审计的目标是为组织提供风险洞察。要实现这一目标，审计范围、风险评估和审计计划必须基于风险，而非实体。

敏捷审计原则

为了让敏捷审计价值观更具体，我们还制定了敏捷审计原则。以下是我们将遵循的12条敏捷审计原则。这些原则保持了初始敏捷原则的精神，每一条原则对于敏捷审计部门都至关重要。

1. 我们的首要任务是通过审计关键风险和新兴风险来支持管理层实现目标。

2. 即使在执行审计计划期间，也要拥抱不断变化的需求。为了组织利益最大化，敏捷审计接受变化。

3. 定期提供审计洞察，在审计过程中提供实时结果，至少每季度向审计委员会报告，报告的时间周期越短越好。

4. 在整个审计项目中，业务经理和审计师必须每天协同工作。

5. 以积极主动的审计师为中心构建审计团队。为他们提供必要的环境和支持，并相信他们能完成任务。

6. 面对面交谈是向管理层和审计团队传递信息最有效的方式。

7. 敏捷审计成功的最终衡量标准是向高层领导提供风险和控制环境的洞察。

8. 敏捷审计有助于及时了解运营风险。三道防线之间应保持开放沟通并共享结果。

9. 持续关注技术技能和行为技能可以提升审计项目的敏捷性。

10. 简化，即在不扩大审计范围的情况下了解风险和控制环境，至关重要。

11. 最佳的风险评估、审计项目和审计洞察来自能够自我管理的审计团队。

12. 审计团队定期反思如何更有效地工作，并进行相应的培训和流程优化。

敏捷审计转型

一直以来，我们的审计计划是一个年度或多个年度的审计任务清单。我们以按时并在预算内完成审计计划作为衡量审计部门成功的标准。在基于风险的审计计划中，我们会很快发现年度审计计划已无法满足利益相关方的需求。我们的审计计划必须灵活，并以更符合组织需求的速度覆盖风险。敏捷审计方法论创建了一个满足现代的、基于风险的团队需求的审计计划。目前大多数关于敏捷审计的指南都强调要遵循敏捷开发的实践，像交付软件一样完成内部审计项目。这种做法通常包括设立一名敏捷教练，使用 Scrum 框架、燃尽图和史诗等工具。但引入这些新的名词和职位不仅不能吸引更多审计部门向敏捷审计转型，反而会吓退它们。在本指南中，我们将采用敏捷审计方法论，采取一种实用且以审计为中心的方法，不会过度复杂化敏捷审计转型的过程。

敏捷审计不必太复杂。

首先，我们需要明确敏捷审计转型的目标（见表 1-1）。一旦我们有了目标，就可以打通审计生命周期的三个主要阶段：审计计划、现场审计和出具审计报告／问题跟踪。在每个阶段，我们都将有针对性地改变传统审计流程，以实现敏捷审计方法。作为内部审计师，我们要将思维从实体覆盖转向风险覆盖，从提供状态更新转向提供对组织风险的洞察。

表 1-1　敏捷审计转型的要点

传统审计 ⟹	敏捷审计
审计范围基于实体	审计范围基于风险
每年进行风险评估和计划	每季度进行风险评估和计划
重点覆盖实体	重点覆盖关键风险和新兴风险
向审计委员会提供静态更新	向审计委员会提供动态洞察

正如书中所述，敏捷审计转型的许多方面取决于你所在部门的规模、目标和成熟度。没有万能的转型计划，因此我们将提供多种方案供你参考，其中包括可以促进内部对话的问题讨论。本指南还将交叉使用内部审计和敏捷项目管理的术语，以最准确地表达角色或任务的含义。本书旨在改进审计流程，而不是让你变成一个纯粹的敏捷项目管理者。我们将对敏捷术语进行解释，将之与传统审计关联起来，并在适当的地方加入术语对比。

敏捷审计优势

向敏捷审计转型有许多深远的优势。通过敏捷审计转型可以获得的五大优势是：

1. 更符合管理层的预期。
2. 在审计过程中获得并分享更深入的洞察。
3. 在审计全生命周期中与被审计方增强互动。
4. 及时、按预算、高质量地完成审计计划。
5. 审计团队内部沟通得到改善。

更符合管理层的预期

在审计计划制订阶段，当我们开始与高级管理层合作时，对话从讨论影响组织战略目标的风险开始。我们应当立即提升对话层次，聚焦对管理层最重要的风险，之后应当转向讨论新兴风险。我们应当事先在这些领域进行研究，以便在需要时能对管理层进行宣导。研究新兴风险的常见资源包括国际内部审计师协会

（IIA）的文献、外部审计公司、行业期刊以及竞争对手的资料。

更深入的洞察

由于我们的重点是了解具体风险，而不是端到端的流程，所以我们可以深入具体领域，对与关键风险相关的控制有更深入的了解。与之前泛泛覆盖的主题相比，这些更深入的洞察对组织更有价值。

增强互动

敏捷流程的另一个优势是增强与被审计方的互动。我们讨论过在审计计划阶段邀请高级管理层加入，但其实这种互动将贯穿整个审计生命周期。在现场审计中，我们会每天召开有被审计方参加的每日站立会。在每一个审计阶段（冲刺）结束时，我们将通过中期报告复盘的形式让管理层参与复盘过程。在审计结束时，我们会将所有中期结果整合为最终的结果并进行复盘。当然，我们随后也会向审计委员会和董事会提供洞察。

缩小范围

由于我们将审计范围限制在具体风险上，并对审计项目的完成做出了明确定义，因此我们能将测试范围控制在获得洞察所需的范围内。这样，我们就消除了审计范围扩大的可能性。此外，在每日站立会上，团队会讨论所有障碍，这样审计负责人（敏捷教练）和业务联系人就可以提前移除这些可能导致团队工作延误的障碍。

加强沟通

审计师将在一起作为一个高绩效团队共同协作。通过每天留出时间让团队讨论进度和障碍，每个人都能了解其他人所做的工作。信息共享增加了减少重复工作的可能性，增进了审计师对整个审计项目的理解，并改善了内部沟通。

敏捷角色对照

敏捷审计方法具有独特的角色和职责（见表 1-2）。如前所述，我们无意迫使您成为敏捷信徒，因此下面我们将典型的敏捷审计角色和职责与传统审计角色进行了对应。接下来我们将继续使用这些传统审计角色。

审计计划负责人（产品经理）

首席审计执行官（CAE）或审计总监对审计计划负主要责任。制订审计计划需要与高级管理层共同完成。由于各团队紧密合作，最终形成的审计计划将解决高级管理层最关心的问题。审计计划负责人的职责包括但不限于：

1. 协调高级管理层和董事会，制订审计计划并确定审计项目优先级。

2. 不断调整风险和审计项目优先级，以交付最有价值的工作。

3. 接受或拒绝团队交付的工作。

12

4. 根据管理层的需求和时机，确定洞察报告发布的节奏。

表 1-2　敏捷审计角色和传统审计角色对照

敏捷审计角色	传统审计角色	角色职责
产品经理	审计计划负责人（首席审计执行官或审计总监）	对审计计划最终负责
敏捷教练	审计负责人（审计总监或审计经理）	负责审计项目、任务分配、每日站立会、结果复盘、回顾总结，并通知审计计划负责人
敏捷团队	审计项目团队	执行审计
利益相关方	被审计方 / 高级管理层	审计客户和审计期间所获洞察的接收方
技术专家和行业专家	审计团队中的领域专家	审计团队中对某一领域或技术技能（如分析）有更多了解的专家
独立测试和审计团队	质量评估团队（专业实践）	对工作进行内部评估或同行评审。通常只有规模较大的团队才设此角色

审计负责人（敏捷教练）

审计负责人在审计过程中扮演着至关重要的角色。在审计过程中，审计负责人组织审计团队处理审计范围内的风险，主持每日站立会，推动对审计结果的中期复盘和最终复盘，并向审计计划负责人汇报工作。在敏捷审计环境中，审计负责人承担以下几项关键职责：

1. 作为敏捷审计团队的服务型领导和发言人。

2. 按照敏捷审计的价值观、原则和成功范例指导团队
   改进。

3. 有效安排每日站立会事项，组织会议和审计项目复盘。

4. 促进跨职能团队内各角色之间的密切合作。

5. 协助审计计划负责人准备和优化待审计项目。

6. 清除障碍。

7. 保护团队不受外部影响。

审计项目团队（敏捷团队）

审计项目团队是整个敏捷审计过程的核心。团队旨在探究审计范围内的风险、评估控制，并确定是否有必要向管理层反馈问题。其职责包括：

1. 敏捷审计团队通常是跨职能团队，一般由 3 ～ 5 人
   组成。

2. 定义、构建、开展和交付风险与控制测试。

3. 团队成员致力于特定价值流的交付。

4. 某些角色可能在多个团队间共享（例如，数据分析、
   IT、合规）。

5. 计划每项审计项目并承诺实现审计目标。

6. 根据国际内部审计师协会（IIA）标准进行质量复核。

7. 作为敏捷审计团队，通过实施敏捷审计活动交付价值、收集反馈，并确保持续改进。

领域专家（技术专家和行业专家）

领域专家是指审计团队中具备独特技能和知识的人员。虽然我们经常会想到数据分析等技能，但这些技能不仅仅局限于技术层面。领域专家可以是敏捷审计项目团队的正式成员，也可以因特定测试需要而引入。

质量评估团队（独立测试和审计团队）

并非所有审计部门的规模都足以维持一个完整的独立测试或质量评估团队，但所有审计项目都必须经过复核。

敏捷术语对照

表 1-3 是用于描述敏捷审计流程的敏捷审计术语和传统审计术语。

表 1-3　敏捷审计术语与传统审计术语对照

敏捷审计术语	传统审计术语	术语描述（敏捷审计）
待审计项目清单	审计计划草案	可执行的审计项目清单。待审计项目清单包括可能纳入或不纳入最终计划的事项
史诗	最终审计计划	计划在规定时间内开展的一大批审计项目
故事	审计项目	审计部门完成的工作。故事的重点是传达预期结果，因此审计项目应聚焦与高级管理层分享的洞察
时间盒	审计时间表	审计项目和审计计划的具体开始和结束日期。日期是确定的
范围	范围	审计项目和审计团队的任务，审计的范围
燃尽图	无	表示此时此刻剩余工作的图表
冲刺	审计程序	审计项目的子集，最好基于风险进行审查
冲刺复盘	问题中期更新	每周 / 每两周对审计范围、成功方面、待改进方面和行动计划进行回顾
每日站立会	无	每天召开会议，讨论进展情况和遇到的障碍，与会者可包括审计团队和被审计方

你会注意到表 1-3 中有几个敏捷审计术语并无传统审计术语

与之对照。在本书中，我们将在讨论审计计划时讨论待审计项目清单。由于资源有限，待审计项目清单是我们想做但暂时不能做的审计项目。表 1-3 中有一个术语是燃尽图，它是一种工具，规模较大的敏捷审计部门有时会使用它来看审计项目中受阻的测试是否会导致项目超期。另一个术语是每日站立会，即团队成员讨论进度和遇到的障碍。在审计生命周期中，我们将详细讨论所有术语。现在，我们先初步介绍将使用的术语。

审计计划草案（待审计项目清单）

完成风险评估后，我们制定了可能开展的审计项目清单。此时，我们尚未确定审计计划，因为待审计项目清单包括可能纳入或不纳入最终审计计划的审计项目。

最终审计计划（史诗）

对审计计划草案进行优先级排序后，我们确定了在规定时间内承诺执行的最终审计项目清单。

审计项目（故事）

审计计划中列出的每个审计项目都应包括一个定义明确的狭窄的审计范围，来界定团队将调查的风险。审计项目相当于敏捷审计术语中的"故事"。敏捷"故事"的重点在于传达预期结果。

因此，审计项目应聚焦与高级管理层分享的洞察。

审计时间表（时间盒）

最终审计计划、审计项目和冲刺都在一个被称为审计时间表的固定时间范围内运行。审计时间表的日期是固定的，因为整个审计部门将在同步的周期内运行。

审计范围

审计范围是审计项目的边界。通过定义一个狭窄的审计范围，我们可以控制审计项目和团队任务的工作量。在敏捷审计中，审计范围可能只包括一两项风险，这与传统审计中的完整流程审计不同。

燃尽图

虽然有许多审计进度报告，但燃尽图是一种独特的图形表示法，用于表示审计时间表中的剩余工作量与剩余时间。

审计程序（冲刺）

冲刺是审计项目的子集。在某些情况下，冲刺可能由审计程序或控制组成。由于我们将专注于实现真正基于风险的审计方法，理想的冲刺应基于待审计的风险。冲刺通常持续一到两周，两周冲刺最为常见。

问题中期更新（冲刺复盘）

在冲刺结束时，审计团队必须与被审计方分享结果。每周／每两周举行的会议复盘了在冲刺中完成的工作范围、成功方面、待改进方面以及行动计划。审计团队和利益相关方参加会议，共同复盘当前冲刺中审计的风险和发现的问题。

每日团队会议（每日站立会）

会议由审计团队和被审计方参加。虽然一些审计经理已经开始召开每日会议，但每日站立会是一项特殊活动。会议的目的是讨论进度和障碍，而不是回顾过去。

问题讨论

1. 在敏捷审计转型的过程中，你更希望使用传统审计术语还是敏捷审计术语？请考虑两种选择的影响。

2. 你认为被审计方对参加每日站立会、讨论完成审计的障碍会有何反应？

3. 你参加过哪些仅仅是为流程的完整性而存在的低风险领域的审计项目？这能否使审计团队得出有意义的结论？

4. 考虑如果审计团队成员与被审计方之间的沟通水平有所提升，你认为这会给组织带来哪些额外的益处和挑战？

案例研究

本书每章最后都有一个案例研究。在案例研究中，我们将跟随一个典型的审计部门踏上敏捷审计转型之旅。我们将见证它们在某些领域取得的成功以及在另一些领域遭遇的失败，并从它们的经验中学习。本案例根据多个真实案例改编。

公司简介

Aqua Junk 公司[⊖]是全球领先的海洋塑料及海滩废弃物回收制品制造商（见图 1-2）。

Aqua Junk, Inc

图 1-2　Aqua Junk 公司标志

⊖　本案例纯属虚构。案例中的姓名、人物、业务、事件和事故均为作者构想，如与真实人物（在世的或已故的）或真实事件有任何雷同，纯属巧合。但是，我们希望存在抱有同样使命的公司。

Aqua Junk 公司成立于 2019 年，创始人是一群商界精英，他们希望为孩子们留下更加绿色、美好的地球。他们对媒体关于海洋垃圾泛滥和海洋生物因误食海洋垃圾而死亡的报道很痛心，进而决定创立公司。

Aqua Junk 公司生产多种产品，其主打产品是一种坚固的互锁砌块，用于构建名为"海墙"的墙体（见图 1-3）。"海墙"被州政府和市政府买来用于公路降噪等市政工程，被企业买来用于搭建临时办公场所，被房主买来用于搭建储藏室。

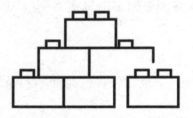

图 1-3　Aqua Junk 公司产品概念图

Aqua Junk 公司的使命是通过收集和再利用全球的废弃塑料，扭转海洋和河流中的塑料对海洋生态系统的影响。支持这一使命的有五个主要目标：

1. 组织全球力量打捞并清除全球水域中的塑料。
2. 将回收到的塑料重新利用，制作为安全、耐用的
   材料。

3. 与业界协作，停止生产新的不可降解的塑料制品。

4. 鼓励各行业避免遗弃设备（如商业捕鱼网）。

5. 与志同道合的组织齐心协力，获得全球影响力。

内部审计团队简介

内部审计团队已合作多年，他们配合默契，践行组织的使命。作为一个团队，他们一起参与了公司赞助的志愿服务项目。首席审计执行官加比在内部审计、外部审计、风险管理和系统控制领域拥有近 20 年的经验。她组建了一支由经验丰富、教育背景多元、技能多样的总监和经理组成的、领导力强的团队。团队中的高级审计师拥有 3～5 年的内部审计经验，部分高级审计师还拥有高等学位和专业认证。审计师均在过去 6 个月新招聘加入。

图 1-4 是内部审计团队的组织架构图：

在最近的一次国际内部审计师协会大会上，首席审计执行官加比参加了一场关于敏捷审计的会议，会后她阅读了几篇关于该主题的有趣文章。随后，她指派总监迈克组织部门培训，邀请一位培训师为团队进行了两个小时的讲解。培训结束后，团队中的大多数人认为敏捷审计转型是个好主意，但他们也感到紧张。他们担心被审计方提供审计资料会耗时过长，也担忧如果没有按三年一次的计划对组织进行全覆盖，可能会遗漏某些事项。

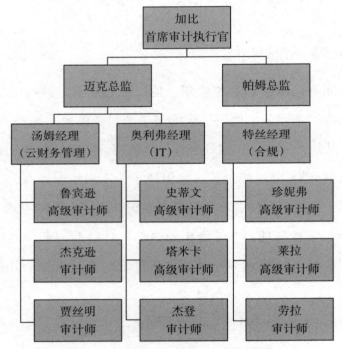

图 1-4　Aqua Junk 公司内部审计团队组织架构图

合规审计总监帕姆不以为然，她认为合规审计工作不适用敏捷审计方法。帕姆原则上同意部门的目标，但也明确表示，她的团队不会为了敏捷审计的倡议而使监管要求覆盖的范围受到损害。

| 第二章 |

评估准备情况

针对敏捷审计转型，本章提出要对部门、利益相关方等进行评估，进一步阐述了敏捷审计的优势和劣势，列举了常见的转型陷阱，帮助组织识别潜在障碍，确保转型顺利进行。

　　现在，我们已经定义了敏捷审计，并介绍了敏捷审计的一些概念，下一步是评估你所在的部门对于向敏捷审计转型的准备情况。在开始敏捷审计转型之前，我们需要回答两个问题：能否向敏捷审计转型，以及是否应该向敏捷审计转型。在本章中，我们首先将从评估开始，确定各部门对转型的准备程度。接着，我们将讨论敏捷审计的利弊，以及组织文化如何影响敏捷审计转型的成败。最后，我们将回顾转型过程中的常见错误，以便你能为这些情况做好准备。

> **敏捷审计**
>
> **并不适合每一个人，**
>
> **也不存在**
>
> **"万能"的敏捷思维实施方法。**

部门评估

内部审计部门

评估过程从内部审计部门开始。在开始评估之前，最好先向审计团队提供有关敏捷审计的基础培训。要请专家提供培训，且不是基于肤浅理解的培训。一旦团队理解了敏捷审计的基础知识，就要识别审计团队的情绪，以确定他们对敏捷审计转型的恐惧、兴奋、犹豫和焦虑程度。在评估团队采纳敏捷审计意愿的同时，我们也必须考虑到我们的利益相关方以及转型的利弊。

利益相关方

接下来，我们应该考虑利益相关方。利益相关方包括审计委员会、被审计方以及组织中的其他确认合作伙伴。

审计委员会

审计委员会是我们的首要利益相关方。在开始转型之前，必须要咨询他们的意见。审计部门是审计委员会职能的延伸。由于他们关注组织的整体治理和整体风险，敏捷审计转型对他们来说是一项有意义的工作。

被审计方

敏捷审计转型也会影响我们的被审计方。审计过程中他们可能会更多地参与沟通，并有很大可能面临审计通知时间缩短的情况。他们还将被要求在较短的时间内提供审计资料并抽出时间参加访谈。

确认合作伙伴

我们还需要考虑更广泛的确认合作伙伴。正如你将在第 9 章中了解到的，一个成熟、敏捷的内部审计部门依赖于其他内部确认提供方（如风险、内控、合规等职能部门）的工作来覆盖更多风险。宜早不宜迟，我们需要尽早确认与风险团队、内控团队、合规团队等内部确认提供方的关系。同时，我们还需要了解他们对在敏捷环境中工作的意愿。

最后，我们要考虑敏捷审计转型可能带来的利弊。敏捷审计并不适合每一个人，也不存在"万能"的敏捷思维实施方法。评估内部审计部门的准备情况时，我们很容易沉浸在新想法带来的兴奋中。在进一步讨论之前，我们应该放慢脚步，考虑一下你可能不想向敏捷审计转型的原因。为了帮助大家理解，我们提供了一份利弊清单，帮助你参考正反两方面的观点。

敏捷审计的优势

回到第一章，我们讨论了敏捷审计的优势。通过敏捷审计可以获得的五大优势包括：

1. 更符合管理层的预期。
2. 在审计过程中获得并分享更深入的洞察。
3. 在审计全生命周期中与被审计方增强互动。
4. 及时、按预算、高质量地完成审计计划。
5. 审计团队内部沟通得到改善。

除了这些优势，还有其他几点可以添加到优势列表中。

灵活性

敏捷审计最重要的优势在于它在审计计划中允许保持灵活性。对于现代内部审计部门来说，制订一份需要董事会批准才能调整的年度审计计划的想法是不可接受的。敏捷审计的核心理念是审计那些对组织最重要的风险，而且这份按优先级排列的风险清单会持续变化。由于将审计部门用作一支战术团队来探索组织中最值得关注领域的控制环境符合审计委员会和高级管理层的最佳利益，因此他们很难对这种做法提出反对意见。

自由终止

伴随灵活性而来的好处是拥有在获得洞察后能够选择终止审计项目的自由。在传统审计流程中，在发现控制设计存在缺陷后，我们往往仍要投入资源来测试控制执行的有效性。通过严格界定审计范围，并在了解风险和控制后选择终止审计项目，我们可以更加高效地利用有限的时间和资源。

减少报告谈判

敏捷审计以一到两周开展一次冲刺的节奏进行，每次冲刺结束时负责审计的人员都会与管理层一起复盘发现的问题。由于在整个审计过程中持续进行这一操作，最终的冲刺复盘实际上就代表了审计结束会议。此时，报告中的问题几乎没有什么可以争论或谈判的，因为这些问题已经讨论过了。

向审计委员会提供洞察

敏捷审计的一个重要优势是能够向审计委员会提供实时洞察。一旦所有的审计项目都以两周为一个周期运作，所有的冲刺复盘就会同时进行。这意味着每两周的周期结束时，就可以对问题进行报告和跟进。假设你已经建立了问题跟踪机制，问题发现后最多两周时间，就能近乎实时地准备好报告。当然，你可以为季度会议准备更正式的汇总报告，同时也可以选择提供更及时的洞察。

敏捷审计的劣势

虽然敏捷审计是满足基于风险的审计要求的一种高效方法，但仍有合理的理由继续采用传统或交叉审计的方法。

难以满足监管要求

最常见的反对敏捷审计的理由也许是需要开展监管要求或法定的审计项目。例如，在银行业，监管机构通常要求商业银行制订可以覆盖整个组织未来三年的审计计划，商业银行的季度审计计划无法支持以季度为周期制订敏捷审计计划的目标。对某些审计师来说，这意味着将审计计划分为监管要求的审计项目和基于风险的审计项目，而只有基于风险的审计计划才是敏捷的。

需要重新培训

审计部门在转型期间需要对人员进行培训和指导，特别是对于年资长的审计师来说，敏捷审计转型与他们多年积累的传统审计方法的经验背道而驰。对一些审计师来说，这种改变可能太过剧烈。他们可能会感到沮丧，甚至选择离开审计部门。

缺乏可预测性

许多审计师在向控制执行人员索要审计资料时都遇到过延迟

提供的情况，有些审计资料不够充分，导致后续的审计需求不得不推迟。有时，你需要找的人正在休假。归根结底，审计时间在很大程度上取决于审计团队能否及时找到对的人和资料，但人的行为是不可预测的。由于敏捷审计冲刺时间短、审计范围狭窄，任何延误都可能打乱冲刺节奏。

文化理解

文化对于敏捷审计转型的成败也起着至关重要的作用。对于某些组织，审计部门此举是组织整体进行敏捷转型的一部分。对于另一些组织，审计部门则是正在开辟一条新的道路。无论处于哪种情况，理解自己的工作环境都很重要。

如果你是在组织整体进行敏捷转型的背景下开展工作，你的目标将是统一价值观和原则，与组织的敏捷教练合作，同步进行审计冲刺。如果你是开拓者，则需要对审计委员会和其他利益相关方进行教育，与被审计方设定明确的预期，并从训练有素的专业人士那里获得支持。

同时，还要考虑审计部门自身的文化。你的团队可能乐于接受变革，并准备好接受敏捷审计理念，你的团队也可能非常传统，由经验丰富的审计师组成，他们抗拒变革。理解文化背景有助于你更合理地制订敏捷审计转型的计划。

转型陷阱

评估准备情况的另一项内容是避免常见的陷阱。许多其他审计部门已经历过这种转型，我们可以从中汲取经验，吸取教训。当不可避免的错误发生时，请回顾这一部分内容。

进展过快

当我们制订最终的敏捷审计转型计划时，会存在多种不同的方案。在某些情况下，方案涵盖了审计部门完成的所有工作，从风险评估到出具审计报告，包括各种类型的审计项目和咨询项目。这种方案并非对每个人都适用。如果你采取的变革力度超过了团队人员的承受能力，敏捷审计转型的项目就会失败。要想实现成功转型，你应该为转型设定一个适合团队的节奏。

进展过慢

就像进展过快一样，你也可能因为设定了过慢的节奏而导致敏捷审计转型的工作失去动力。例如，你可以先将现场审计转型为敏捷审计方法，然后再进行审计计划和出具审计报告的转型。

如果这样持续超过几个月甚至几个季度，团队就会变得焦虑不安，因为敏捷审计的关键在于计划和定义一种全新的审计方式。

低估了敏捷教练这一角色

随着敏捷审计方法的实施，审计部门的角色也将发生变化。最重要的角色变化可能是增加了敏捷教练。敏捷教练通常被描述为服务型领导者，其职责是管理时间表、解决问题、清除障碍和指导团队成员学习敏捷审计方法。在敏捷审计环境下，敏捷教练至关重要，如果这个角色被低估，就会导致多方面的失败。

敏捷教练需要接受专门的培训才能有效地履行职责。特别是在从传统审计向敏捷审计转型的过程中，我们会把作为审计项目负责人培养的审计师转变为一个全新的角色。如果没有适当的培训，他们很可能会走向失败。

导致失败的另一个主要原因是过度扩展敏捷教练的职责范围。有一种倾向是，在重组部门时，敏捷教练像主管一样负责审查和准备新的审计项目。或者，敏捷教练同时参与过多的审计项目，从而导致效率降低。

团队轮岗

许多审计部门采用了团队轮岗的机制。这种机制的好处是可以让团队成员适应不同的管理风格，并为每项审计项目组建具有相应专业知识的审计团队。然而，在敏捷审计环境下，团队轮岗却很不利。敏捷审计要求审计团队动态地进行自我组织，像一台运转良好的机器那样协同工作，团队轮岗会破坏必要的团队协作氛围。

缺乏培训

不仅敏捷教练需要培训，整个团队都要向新的工作方式转变。为了培养敏捷审计思维，审计部门整体需要接受培训，需要打破多年的培训经验和习惯。当审计负责人因审计项目的时间和预算所限而放弃参加培训时，距离失败就不远了。培训应包括敏捷审计概述培训、基于敏捷审计角色的培训，以及关于审计项目阶段的培训。

界定小型审计范围的挑战

当专注于具体风险时，敏捷审计会产生一系列审计范围较小的审计项目，有时甚至是对单一风险的审计项目。界定这类审计项目的审计范围需要转变观念。在敏捷审计转型的初期，这似乎变化太大，可能会吓跑一些风险厌恶型的审计师。

担心遗漏

另一个引起担忧的变化来自从基于实体的审计范围向基于风

37

险的审计范围的转变。真正的基于风险的审计关注的是风险覆盖面，而不是实体覆盖面。可能会有部分组织未被纳入一年的审计计划，但一旦了解到我们正在及时覆盖组织最关键的风险，对遗漏实体覆盖范围的恐惧感就会消失。

缺乏领导层的支持

在踏上敏捷审计之旅前，我们需要获得审计委员会的支持，但领导层并不仅限于审计委员会。要成功实现敏捷审计转型，还需要运营管理层的支持，他们将与审计团队更紧密地合作。根据组织文化，这可能需要自上而下的指导，也可能需要审计团队自下而上的沟通和培训。

重形式、轻实质

一些同行的审计部门已经尝试过实施敏捷审计方法，但均以失败告终。常见的失败原因是重形式、轻实质。当这种情况发生时，审计部门把工作重点主要放在审计项目的现场审计阶段，几乎完全把重点放在召开每日站立会、使用 Scrum 看板和复盘上。虽然这些也是敏捷审计转型过程的重要组成部分，但审计团队未能真正理解敏捷审计转型的目的和目标。一些审计团队虽然理解了敏捷审计转型背后的逻辑，但偏离了审计转型的目标，或者未能针对复盘中提出的问题采取行动。缺乏有意义的改变会导致团队感到挫败。

因循旧习

还有一种常见的失败原因是回归舒适区。我们通常会从每日站立会开始回到传统审计方法。当每日站立会开始变成信息更新会时，敏捷教练的任务是将其带回敏捷审计的有效做法。如果做不到这一点，会议就会失去价值，这种恶性循环就会迅速形成，从而颠覆整个敏捷审计方法论。

问题讨论

1. 请考虑以下说法："敏捷审计并不适合每一个人。"你支持和反对组织向敏捷审计转型的理由有哪些？

2. 你的部门对于审计团队轮岗持什么立场？

3. 相比在剩余时间内从技术上继续执行审计范围内的审计程序，你如何看待一旦风险得到确认就终止审计项目？

案例研究

Aqua Junk 公司的内部审计师在接受初步培训后，决定采纳敏捷审计的方法。他们选择了一个即将开展的审计项目，因为该审计项目每年都要开展，大家都很熟悉。

迈克（总监）和奥利弗（IT 审计经理）选择了每年一度的关键系统访问审计项目作为他们的敏捷审计试点。他们从参加的两个小时的培训中，了解到以下信息：

1. 敏捷项目是按冲刺阶段组织的。
2. 敏捷团队有一个敏捷教练，他推动项目前进。
   ◇ 敏捷教练每天与团队召开每日站立会。
   ◇ 敏捷教练在项目结束时召开复盘会议。
3. 项目任务被布置在 Scrum 看板上。

基于这些信息，奥利弗和他的团队开始执行审计。周一，奥利弗调出了团队在过去几年中一直使用的标准审计程序，把每个测试程序写在便利贴上，并将所有测试程序贴在办公室白板上的

"待办事项"一栏。

他安排自己担任敏捷教练，并指示团队选择第一个测试程序。在测试程序完成后，他会将便利贴移到"已完成"一栏。他会审核测试，然后将便利贴移到"已审核"一栏。这样他们应该能比前一年更快地完成审计项目。

周二，团队开始召开每日站立会。奥利弗问："你们昨天完成了哪些工作？"

史蒂文指了指白板，白板显示没有完成任何测试程序。

周三发生了同样的事情，周四亦是如此。

到了周五，即审计进行的第五天，奥利弗本应举行一次冲刺复盘，但团队还没有完成任何工作。沮丧之余，他询问团队出了什么问题。随后他发现，他们正在审计的应用的管理员因参加团队培训外出，下周才能回来。

奥利弗决定恢复传统的审计方法。他按照原样分配了预先编好的审计程序，让团队重新开始工作。这次审计比平时多花了两周时间。

加比要求团队汇报试点情况。当奥利弗详细地对整个敏捷审计流程失败的原因进行分析和解释时，加比听得聚精会神。

她问他审计项目中最高优先级的风险是什么——他答不出来。

　　她问他第一天是否询问了团队面临的障碍——他说没有。

　　她问他是否邀请了被审计方参加每日站立会——他说没有。

　　加比意识到，他们在审计开始之前就已经犯了几个错误。团队没有做好准备，而且远没有经过充分培训。加比没有批评试点团队，而是准备纠正这些错误。在接下来的几周里，她与敏捷审计专家进行了沟通，这些专家会帮助她重新设计审计部门，并重塑团队的心态，使团队适应敏捷审计的方法。

　　加比选聘了敏捷审计顾问艾弗里，艾弗里似乎理解加比想要实现的目标以及团队试图独立完成的工作。加比和艾弗里制订的计划将在 12 周内涵盖审计生命周期的每一个方面。该计划还包括为敏捷教练提供全面的辅导和培训、为整个团队提供敏捷审计的基础培训，以及向其他利益相关方解释新工作方法所需的支持。

敏捷审计生命周期

　　本章将传统审计流程与敏捷审计流程进行了对比，提纲挈领地概述了从风险评估到审计计划、项目执行、报告编写的整个生命周期，指出敏捷审计本质上是一个循环过程，强调灵活调整，以适应不断变化的风险环境的重要性。

现在我们进入对审计流程的讨论。第三章将对比传统审计流程与敏捷审计流程，并对整个审计生命周期中的敏捷审计流程给出提纲挈领的描述。接下来的五章将深入探讨审计生命周期中的每个步骤。

生命周期对比

如图 3-1 所示，传统审计生命周期是线性的。传统审计流程从用于确定审计计划的风险评估开始，以向审计委员会报告审计计划执行情况及审计发现的问题结束。对于许多审计部门而言，管理层非常看重审计计划的完成。

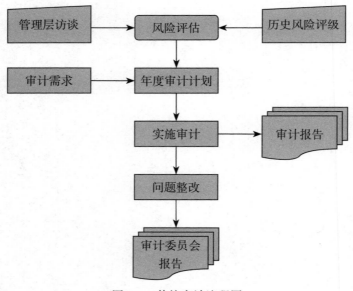

图 3-1 传统审计流程图

传统审计生命周期

在传统审计模式中，审计部门利用风险评估信息（主要基于与管理层的访谈和审计管理层提供的评级）来制订年度审计计划。计划中还包括强制执行的审计项目以及管理层请求开展的审计项目。审计部门将审计计划提交审计委员会批准后，该计划就确定了，并在全年保持不变。审计项目随后被分散安排在全年进行，同时考虑审计中涵盖的风险、后勤保障和对被审计方的影响。审计报告在审计结束时发布，随后进入审计结果跟进阶段。每个季度末，审计部门都会向审计委员会提交一份最新的审计报告。

敏捷审计生命周期

如图 3-2 所示，敏捷审计生命周期本质上是一个循环。敏捷审计流程的显著特点是其包含一个结果反馈循环，该循环利用审计过程中了解到的新信息更新风险评估情况，有意地将新兴风险纳入考虑范围，对需要开展的审计项目进行风险排序，并制订季度审计计划。

你可能已经注意到，图 3-2 中缺少了审计报告。国际内部审计师协会的标准并未强制要求出具审计报告。对于敏捷审计流程而言，审计报告不是必需的，可以用一个简单的复盘会议来代替。你最了解自己的组织文化，可以自行决定是否保留审计报告。我们将在后面更深入地讨论这一话题，并对两种方案进行探讨。

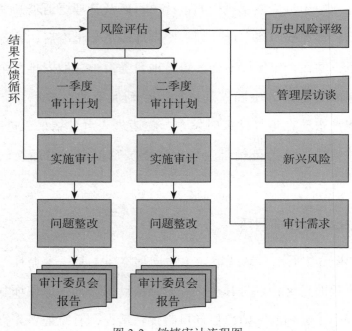

图 3-2　敏捷审计流程图

风险评估

　　敏捷审计风险评估旨在评估基于风险的审计范围，以确定在某一时间点对管理层最为重要的风险的相对风险等级。风险评估应遵循敏捷审计的第一条原则，即我们的首要任务是通过审计关键风险和新兴风险来支持管理层实现目标。随着流程成熟，为满足第一条原则，风险评估必须频繁开展，至少每季度开展一次，目标是实现持续的风险评估。

> 敏捷审计原则：
>
> 我们的首要任务是
>
> 通过审计
>
> 关键风险和新兴风险
>
> 来支持管理层实现目标。

计划制订

　　从风险评估中得出的优先级高的风险组成了可能开展的审计项目。可能开展的审计项目组成的待审计项目清单就构成了敏捷审计计划。待审计项目清单应基于风险评估确定的风险高低进行排序。

规划安排

一旦制定了待审计项目清单，我们就可以根据能力确定下一季度的团队工作安排。理想情况下，所有项目都应采用同步冲刺的节奏。拥有同步的节奏将促进团队间的协调以及审计委员会洞察报告的生成。

项目执行

在现场审计中，各团队根据审计项目范围内风险的优先级来执行审计项目。由敏捷教练负责管理工作量、监控时间安排、清除障碍，并对团队进行指导。敏捷教练负责主持召开每日站立会，并在敏捷教练汇报会议上向首席审计执行官汇报。敏捷教练还负责推进冲刺评审会议，以讨论在审计期间提出的问题，并收集管理行动计划。在审计结束时，敏捷教练会与审计团队召开复盘会议，寻找需要持续改进的领域。

报告编写

敏捷审计报告分为两个阶段：审计报告和管理洞察报告。在审计过程中，审计团队会发现问题并与管理层讨论。问题应以接近实时的方式，最好是在每日站立会和冲刺评审会议上引起管理层的注意。审计期间的目标是收集行动计划并立即启动风险化解流程。达到这一目标后，编制审计报告就变成了一项回顾性练习，几乎不需要过多讨论，编制正式报告成了不必要的重复工作。

向审计委员会提供管理洞察报告是审计部门的目标和主要任务。通过在每个冲刺阶段揭示问题并与管理层讨论，审计部门能够收集、分类、整合问题，并在每个冲刺周期结束时按相关风险报告问题及其趋势。固定的节奏意味着审计部门可以采用两周冲刺的周期，每两周针对组织面临的最关键风险向审计委员会提供洞察。在内部审计中，实现持续提供洞察的目标可能是我们对组织所能做出的最有价值的贡献。

问题讨论

1. 敏捷审计生命周期仍然包含传统审计生命周期的所有要素，这能否让你在考虑向敏捷审计转型时感到轻松一些？

2. 你是如何在当前的风险评估中处理新兴风险的？

3. 你的审计计划在风险评估时还参考了其他哪些信息来源？

4. 你完成当前的风险评估需要多长时间？为什么需要这么久？

5. 向审计委员会演示和报告需要多少时间？

6. 考虑当前的审计生命周期，审计从开始到结束需要多长时间？在讨论时，请将发送业务约定书 / 通知书视为审计开始，将最终审计报告发布视为审计完成。

案例研究

　　敏捷审计顾问艾弗里为整个团队提供了关于传统审计和敏捷审计之间差异的培训。在培训期间，迈克谈到了他的担忧，迈克很担心风险评估的过程。正如他解释的那样，目前的风险评估大约需要两个月，其中花六周的时间评估和访谈，接着花至少一周的时间来制订审计计划，再花一周的时间向审计委员会报告，审计委员会有时会在第一季度的会议上调整审计计划。这怎么可能与每季度进行的风险评估相协调呢？

　　帕姆也谈到了她对合规审计项目的担忧。她反复表示，合规审计项目是监管部门强制要求开展的，所以她不知道合规审计项目如何融入敏捷审计方法。

　　汤姆也加入了讨论，他表达了他对现场审计和审计报告的担忧。如果审计需要的资料没有按时送达，现场审计工作如何正常开展呢？对于审计报告，大家都知道审计报告至少在现场审计结束一个月后才能完成。这时，部门的其他成员纷纷发言。虽然大家都认为敏捷审计的理念是有意义的，但没有人能看到它在现实审计实践中是如何运作的。

　　艾弗里将团队的所有担忧都写在了培训室的白板上。他向他们保证，这些担忧在敏捷审计转型期间很常见，后续的培训和实践将涵盖所有这些主题和更多内容。

| 第四章 |

敏捷审计风险评估

　　围绕敏捷审计的核心——基于新兴风险迅速调整计划并进行审计的能力，本章介绍了如何重塑审计范围，评估战略风险和新兴风险，以及按优先级对风险进行排序。内容包括管理层访谈、风险自我评估及具体的风险评估执行方法，确保审计活动的有效性和及时性。

　　对于许多审计部门来说，敏捷审计转型之旅的第一步就是审计计划的转型。审计计划是转型过程中难度最大的领域之一，但其重要性不言而喻。更为复杂的是，在传统审计方法中每个审计部门制订审计计划的方法各不相同。

　　敏捷审计计划有助于我们针对对组织影响最紧迫的风险制订审计计划。鉴于世界充满不可预测性，风险可能以新的形式出现并带来未知的后果，我们的审计计划需要涵盖更短的时间窗口。我们应首先将年度审计计划缩短为季度审计计划。季度审计计划包含该季度内必须完成的强制性审计项目，以及下个季度要审计的最高风险等级事项。

> **基于影响组织目标实现的新兴风险**
>
> **迅速调整**
>
> **计划并进行审计的能力**
>
> **是敏捷审计的核心。**

　　在最典型的传统审计流程中，审计部门首先要评估其认为可以在组织内部审计的所有事项，由此产生的审计范围通常由流程或部门构成。审计师随后会对可能审计的领域进行风险排序。排序过程各不相同，因为这方面的指导极少。

审计范围重塑

在敏捷审计环境下，审计范围将转变为涵盖组织最关键的目标与风险。由于新兴风险不断涌现，且组织会为了适应全球变化而调整目标，审计部门也必须快速反应。根据敏捷审计原则，基于影响组织目标实现的新兴风险迅速调整计划并进行审计的能力是敏捷审计的核心。用敏捷审计的术语来说，审计计划是一个可以拆分为更小的"故事"（单项审计项目）的"史诗"。

为了阐明这一点，我们可以观察案例研究中的公司是如何调整其审计范围并进行风险评估的。从审计范围开始，我们将从基于实体的组织架构转向涵盖战略目标与风险的组织架构。与大多数公司一样，Aqua Junk 公司的传统审计范围采用的是组织的职能架构。由于组织已经采用了这种架构，内部审计也采用了相同的架构。

在敏捷审计中，我们不需要关注职能架构。我们的目标不是"审计会计"，而是为管理层提供影响战略目标的风险洞察。当 Aqua Junk 公司决定重新思考审计范围时，他们从管理层为支持

使命宣言而制定的五个主要目标入手，收集已知风险。表 4-1 是
最初和最终的审计范围。

表 4-1　传统审计范围与敏捷审计风险范围对比

传统审计范围	基于风险的审计范围
Aqua Junk 公司	Aqua Junk 公司
财务	组织全球力量打捞并清除全球水域中的塑料
规划	招募愿意且能够收集材料的人员
预算	购置能有效收集材料的设备
仓储	保护在艰苦条件下作业的员工
报告	保护设备免受恶劣环境条件的影响
风险管理	将收集的塑料再利用，制成安全、耐用的材料
会计	开发成本效益高的生产方法
应付账款	确保产品符合环保安全要求
应收账款	在覆盖成本的同时销售产品的能力
税务	维持成品的环保运输方式
人力资源	与企业合作减少塑料生产
招聘	来自政府机构的阻力
薪酬	来自工业利益集团的抵制
培训	缺乏品牌意识和市场影响力
健康与安全	激励行业防止设备遗弃
营销	不愿与公司合作
内容营销	无法达到我们的可持续发展标准
客户服务	通过合作伙伴关系损害声誉
广告	与志同道合的组织协调工作以扩大全球影响力
技术	不愿建立合作关系
应用开发	
IT 管理	
IT 安全	
用户支持和服务	

战略风险分析

如你所见，新的审计范围是基于组织所面临的风险的。审计师将在此结构中添加额外风险，但他们始终会在战略目标的背景下添加这些风险。在构建基于风险的审计范围时，他们会从多种来源获取信息。其中一个最佳来源就是财务报表中列出的战略风险。与所有上市公司一样，Aqua Junk 公司在财务报表中列出了风险。在最近的 10-K 报告中，公司在"第 1A 项风险因素"部分披露了以下风险："如果无法吸引和留住更多优秀人才，或无法保持我们以生态为中心的企业文化，就会损害我们的业务和文化，使我们无法执行业务战略。"

在传统的审计环境中，我们较少关注人才招聘方面的问题，通常只会聚焦于财务状况和基本运营问题。但在采用敏捷审计方法论时，我们会将人才风险（源于 Aqua Junk 公司的 10-K 报告）纳入审计计划，因为这类风险对组织有着重大影响。具体来说，人才风险会影响到我们的第一个战略目标——因为要实现这一目标，我们需要有合适的人才。对于内部审计师而言，审计的内容可能包括询问管理层对于人才市场竞争格局的理解、公司在创新方面的努力以及对于新进入市场者的招聘策略、员工多样性、工作地点、行业内的薪酬对比等其他与吸引优秀员工相关的因素的了解程度。

新兴风险纳入

我们的风险评估应当是一个持续的过程，并且至少每季度正式更新一次。如果只是每年考虑一次组织面临的风险，我们将无法为利益相关方提供充分的服务。以 Aqua Junk 公司为例，我们可以在一年的 12 月进行风险评估，并计划在次年 9 月对这些风险进行审计。然而，如果直接竞争对手在次年 1 月进入市场并雇用了当地最优秀的 200 名候选人，那么人才招聘风险水平将上升，在我们开始审计之前，之前的风险评估就已经过时了。

除了年度财务报表中经常出现的显性目标和风险，我们还应始终将新兴风险列入议程。新兴风险是指组织可能尚未准备好去控制的风险。审计师应留意世界上正在发生的可能影响组织的事件。例如，新冠疫情风险很可能未被任何人在 2019 年的风险评估或审计计划中提及。2020 年第一季度的新冠疫情导致几乎每个审计部门都在审计计划中加入了这一新兴风险，随后很快又在审计计划中增加了业务连续性审计项目。

新兴风险具有挑战性——既难以识别，又难以理解。紧跟风险趋势有助于追随诸如国际内部审计师协会和全球咨询公司等渠道提供的关于新兴风险的领先思想和见解。其他优质信息来源包括可以设置预警的新闻网站，以及竞争对手的财务报表。

执行审计项目使我们尽可能地接近一线。在审计过程中，我们将发现新风险、设计不当或操作不当的控制，以及其他一系列问题。我们必须将从中了解的信息和洞察整合到未来的风险评估中。

在敏捷审计计划中，我们每次只预测一个季度。通过引入与战略目标相关的风险、新兴风险以及从已完成的审计项目中获得的最新理解，我们可以逐季为敏捷审计计划构建一幅更全面的组织风险视图。

由于我们无法承担审计低风险领域的成本，我们可以利用探索性的测试和分析来制订计划。例如，我们面临一个与不同性别之间薪酬不平等相关的新兴声誉风险。我们不必立即进行全面审计，而是可以通过探索性数据分析来分析该单一风险。在这种方法中，我们可以提取数据、进行数据分析，然后根据结果，判断是否值得在该季度的审计计划中增加该项审计内容。如果答案是否定的，我们可以选择向管理层提交一份包含测试结果的备忘录。如果我们将该项审计内容添加到审计计划中，那么我们的测试工作就有了一个良好的开端。

管理层访谈

为了帮助管理层思考战略风险和新兴风险，请考虑拟与管理层讨论的问题和对话。管理层需要跳出公司，考虑以往未曾处理过的风险。推动围绕新兴风险思考的一种方式是将事物分为不同类别，如人员、设备和技术。

问题可能如下所示。

人员

1. 当前的政治环境对你所在的组织有何影响？

2. 有哪些新的竞争对手正在进入公司所在的市场？

3. 是否有管理层或关键员工流失？

4. 管理层是否实施了流程变革？

5. 最近是否发生过影响员工士气的事件？

6. 是否有即将发生的变革会对员工产生影响？

7. 员工是否能很好地平衡工作与家庭责任？

8. 组织是否提供了适当的学习机会？

9. 管理人员是否接受过绩效反馈相关的培训？

设备

1. 是否引进了可能需要学习的新设备？

2. 目前使用的工具是否临近报废？

3. 近期员工因设备故障进行了多少次维修呼叫？

4. 团队是否拥有完成工作所需的设备？

5. 报废政策是否合理？

6. 在没有所需设备时，个人是否会用私人设备补充？

技术

1. 需要应对哪些新技术和网络安全威胁？

2. 最近是否有新系统开始搭建或成功上线？

3. 人们是否找到了绕过他们不喜欢或不理解的技术系统的办法？

4. 各部门是否有权获取所需的技术？

5. 组织是否有明确的技术战略？

风险自我评估

一个可能有助于你考虑风险评估变化的工具是与管理层一起开展的风险自我评估。风险自我评估的方法多种多样，但总的来说，有三种标准的评估方法：

1. 主持研讨会。
2. 调查或问卷。
3. 管理层分析。

研讨会是一种动态的参与式活动，由一名主持人主持，组织的管理层在会上积极参与有关风险和控制的讨论。主持研讨会的目标是让管理层参与到讨论中，从而评估组织现有控制的有效性，最终就审查的控制是否能满足所有相关业务目标达成共识。

调查是一种更直接的方法，无须花费太多精力即可取得良好效果。调查问卷可以设计得类似风险评估，以帮助整合收集到的信息。匿名调查也有助于收集意见，因为在匿名情况下，人们可能更愿意讨论他们所关心的问题。

　　管理层分析通常用于自我测试或同行测试。控制负责人有时会自行测试控制，以验证控制是否按预期运行，从而验证控制的有效性并主动对问题进行整改。

风险评估执行

在风险评估过程中,我们通常会通过对实体、风险类别、流程这三个层面中某一个层面进行风险评级来确定审计范围,但对任一单一层面进行风险评级都存在一定的局限性。

1. 如表 4-2 所示,对实体层面进行简单评级(高、中、低)。

表 4-2　实体层面的风险评级

示例	部门	风险评级
实体风险等级	人力资源	高

实体层面的风险等级过高,以至于无法进行有效的审计。此类风险评估会导致对该实体进行端到端的全面审计。

2. 如表 4-3 所示,对与该实体相关联的风险类别进行评级。

表 4-3　风险类别层面的风险评级

示例	部门	风险	风险评级
风险等级分类	人力资源	战略风险	高
		运营风险	中
		财务风险	中

风险类别层面的评估过于模糊，导致审计师无法确定工作重点。以上述例子为例，审计项目将从可能影响人力资源的所有战略风险入手。审计项目将包括对员工周期的所有方面进行深入检查：招聘、培训、学习与发展、评估、晋升、薪酬、解雇，可能还有更多。

3. 如表4-4所示，对与该实体相关联的具体流程层面的风险进行评级。

表4-4　流程层面的风险评级

示例	部门	风险	风险评级
风险等级分类	人力资源	招聘做法 薪酬适当 员工留存	低 高 中

流程层面的风险评级更好，因为对风险的定义更明确。但在该例中，对薪酬适当风险的审计仍然可能导致审计范围宽泛，包括薪酬歧视、市场薪酬比较、薪酬评估等。

偶尔，为了突出财务的重要性，审计师会将财务报表账目纳入风险评估。最终，我们会选择风险评级最高的实体作为年度审计计划的目标。

虽然许多审计师将这种方法称为基于风险的审计计划，但实际上他们执行的是基于实体的审计计划。在上述三个例子中，风险评估的基础或起点都是面向实体的，而非基于风险的审计范围。

我们首次做出转变时，应从管理层实现其战略目标所面临的最关键风险入手。我们应根据风险评估，结合财务报表信息、与高级管理层的访谈以及已完成的审计项目，计划审计最高级别的战略风险和新兴风险。接下来，我们必须将不遵守监管要求视为重大风险，并纳入所有必要的监管审计项目。风险清单代表了该季度的潜在审计计划，我们将这些风险追溯到基础流程，以确定审计范围。

在公司的 10-K 报告中，我们可以从"第 1A 项风险因素"部分中查找管理层最关心的风险的相关信息。我们还可以在年度报告、网站、商业计划、目标声明和战略指南中看到相关例子。

为了便于讨论，我们将继续进行案例研究。Aqua Junk 公司的网站明确阐述了其使命：

"Aqua Junk 公司的使命是通过收集和再利用全球的废弃塑料，扭转海洋和河流中的塑料对海洋生态系统的影响。"

审计部门要想真正为公司增加价值，就应该围绕这一目标开展审计。

Aqua Junk 公司的财务报表中详细列出了公司最关心的风险。

其中第一条是：

"我们正在拓展世界偏远地区的海洋塑料回收业务，在那里可能会遇到当地人的抵制和恶劣的环境条件，需要加强与员工安全保护相关的预防措施。"

如果我们要设计一个与 Aqua Junk 公司的战略目标相匹配的审计方法，那么审计计划中应包括与此风险相关的控制，审计项目应包括对安全控制的审查，包括为应对该风险而制定的操作安全计划。

表 4-5 是一个审计项目如何成形的示例。

表 4-5　基于战略目标的审计项目示例

审计项目	战略目标	战略风险
员工安全审计	组织全球力量打捞并清除全球水域中的塑料	在世界偏远地区清除塑料时需要保障员工安全，在这些地区可能遇到当地人的抵制和恶劣的环境条件

在审计过程中，我们会深入研究在穿行测试中发现的具体细节层面的风险。初次访谈可以从以下问题开始：

1. 为确保每次出海都能安全地从水中清除最大量的塑料，公司采取了哪些措施？（与战略目标和风险有关。）

2. 什么因素会干扰回收过程？这种情况发生的可能性有多大？如果真的发生，后果会有多严重？从员工安全

的角度来看，最危险的因素是什么？（更深入地探讨
具体的风险，并接着询问管理层对其影响和可能性的
等级评估。）

3. 为防止可能导致员工受伤的事件发生，你们采取了什
么措施？（阐述针对具体风险所采取的控制。）

现在，需要对风险进行优先级排序。在传统的风险评估中，
我们可能会采用一些定性和定量的风险指标来排除低级别的风
险。在敏捷审计环境下，任务略有不同。由于审计范围较小，一
些审计项目可以相对快速地完成，为后续风险的审计腾出时间。
敏捷风险评估的目标不是创建高风险、中风险和低风险分类；敏
捷风险评估的目标是将所有风险按照优先级从高到低的顺序进行
排序。基于此目标，我们可以使用诸如"影响"和"可能性"等
更简单的评分标准，或者你也可以继续使用更复杂的度量标准。
但需要注意的是，复杂程度越高，风险评估所需时间就越长，而
你只有一到两周的时间来完成风险评估。记住，风险评估只是辅
助进行优先级排序的工具，而不是最终产品。表 4-6 是一个使用
"影响"和"可能性"进行评分的风险评估示例。

评估中对每项标准采用 5 分制（1 分最低，5 分最高），计算了
风险总评分（影响 × 可能性），并为每个战略目标汇总了平均值。

表 4-6　基于风险的审计范围

基于风险的审计范围	影响	可能性	评分
组织全球力量打捞并清除全球水域中的塑料			8.75
招募愿意且能够收集材料的人员	5	2	10
购置能有效收集材料的设备	5	2	10
保护在艰苦条件下作业的员工	5	3	15
保护设备免受恶劣环境条件的影响	5	1	5
将收集的塑料再利用，制成安全、耐用的材料	—		7
研发成本效益高的生产方法	4	1	4
确保产品符合环保安全要求	5	2	10
在覆盖成本的同时销售产品的能力	2	4	8
维持成品的环保运输方式	1	1	1
与企业合作减少塑料生产	—	—	4.33
来自政府机构的阻力	3	3	9
来自工业利益集团的抵制	2	1	2
缺乏品牌意识和市场影响力	1	2	2
激励行业防止设备遗弃	—	—	2.33
不愿与公司合作	3	1	3
无法达到我们的可持续发展标准	2	2	2
通过合作伙伴关系损害声誉	2	1	2
与志同道合的组织协调工作以扩大全球影响力	—	—	2
不愿建立合作关系	2	1	2

　　出于制订审计计划的目的，我们可以提取风险并对这些风险按照优先级进行排序。按优先级排序的风险清单实质上就是审计计划（见表 4-7）。

表 4-7　风险优先级排序

风险优先级排序	影响	可能性	评分
保护在艰苦条件下作业的员工	5	3	15
招募愿意且能够收集材料的人员	5	2	10
购置能有效收集材料的设备	5	2	10
确保产品符合环保安全要求	5	2	10
来自政府机构的阻力	3	3	9
在覆盖成本的同时销售产品的能力	2	4	8
保护设备免受恶劣环境条件的影响	5	1	5
研发成本效益高的生产方法	4	1	4
不愿与公司合作	3	1	3
来自工业利益集团的抵制	2	1	2
缺乏品牌意识和市场影响力	1	2	2
无法达到我们的可持续发展标准	2	1	2
通过合作伙伴关系损害声誉	2	1	2
不愿建立合作关系	2	1	2
维持成品的环保运输方式	1	1	1

对于想要进一步深入探讨的人来说，下一步逻辑上可能是创建一个包含更具体的风险及所有已知控制的风险与控制矩阵（RCM），如表 4-8 所示。

表 4-8　风险与控制矩阵示例

战略目标	战略风险	具体风险	控制
组织全球力量打捞并清除全球水域中的塑料	保护在艰苦条件下作业的员工	过时的海洋设备可能会使员工被困在大海中	出海前进行深度维护检查 每艘船上都有合格的技术人员 不对超过使用寿命的设备进行维护

识别出的控制最终将引导审计项目执行期间的测试程序，以验证控制的设计和运行有效性，例如表 4-9 的例子。随着我们完成测试并记录发现的所有问题，我们现在可以向管理层和审计委员会提供报告，展示与战略风险和公司目标相关的问题。

表 4-9　含有测试程序的控制示例

控 制	测试程序
出海前进行深度维护检查	审查预防性维护日志和所有维修日志
每艘船上都有合格的技术人员	审查人员的出海日志，核实技术人员的证书
不对超过使用寿命的设备进行维护	验证所有使用中的设备是否在记录的有效使用期限内。验证使用寿命记录的准确性

当我们采取上述具体方法时，我们就直接将审计项目执行的工作与战略规划联系起来了。如果我们想要实现与战略相匹配这一关键改进，这种方法至关重要。通过提供这些极其重要的信息，我们可以提升审计工作的价值，使审计部门真正成为管理层值得信赖的顾问。

问题讨论

1. 你所在的部门目前正在进行哪种类型的评估?

2. 你所在的部门上一次全面调整审计范围是什么时候?

3. 如何将新兴风险纳入风险评估?

4. 你可以从哪些渠道了解可能影响组织的新兴风险?

案例研究

加比意识到她需要与审计委员会讨论审计方法上的重大变革。在进一步推进敏捷审计转型之前，她决定致电审计委员会主席。加比解释了向敏捷审计转型的基本内涵。审计委员会主席表示，他认为这种转型是有意义的，但整个审计委员会需要更深入地理解这对组织意味着什么。由于距离下一次审计委员会召开还有几个月时间，他提议针对这一议题专门安排一次务虚会。

会上，加比汇报了业务敏捷性和敏捷审计的基本概念，以及对审计范围和风险评估的改进建议。起初，几位审计委员会成员表达了担忧，担心如果审计范围不再聚焦标准的企业组织架构，审计覆盖面可能会受到影响。加比解释说，新模式将从风险角度而非实体角度进行覆盖。新方法将为组织提供更好的风险保证，因为可以减少在低风险领域上花费的时间。她还解释了另一个优势，即风险评估将不再局限于特定实体，这使得审计团队可以跨职能进行审计，以更好地理解控制。随后，她介绍了新的基于风险的审计范围，如表 4-10 所示。

表 4-10　基于风险的审计范围

基于风险的审计范围

Aqua Junk 公司

　组织全球力量打捞并清除全球水域中的塑料

　　招募愿意且能够收集材料的人员

　　购置能有效收集材料的设备

　　保护在艰苦条件下作业的员工

　　保护设备免受恶劣环境条件的影响

　将收集的塑料再利用，制成安全、耐用的材料

　　研发成本效益高的生产方法

　　确保产品符合环保安全要求

　在覆盖成本的同时销售产品的能力

　　维持成品的环保运输方式

　与企业合作减少塑料生产

　　来自政府机构的阻力

　　来自工业利益集团的抵制

　　缺乏品牌意识和市场影响力

　激励行业防止设备遗弃

　　不愿与公司合作

　　无法达到我们的可持续发展标准

　　通过合作伙伴关系损害声誉

　与志同道合的组织协调工作以扩大全球影响力

　　不愿建立合作关系

此时，团队讨论了将审计计划直接与公司战略和目标相结合的优势。审计委员会成员一致认为这是一个好方法，并决定继续推进，选择在年内晚些时候，待内部审计部门有机会试点该计划后再重新讨论此事。

| 第五章 |

敏捷审计计划

本章介绍了制订审计计划的方法，包括创建待审计项目清单、创建用户故事、确定项目优先级、能力规划、时间表安排、选择团队成员及引入专家。这些步骤确保审计活动的有效规划，为项目的成功实施奠定基础，同时保持灵活性以应对变化。

在本阶段之前，为了识别组织最关键、最紧迫的风险，敏捷审计方法论的重点一直放在风险评估上。现在我们有了风险清单，就需要为团队创建一套敏捷审计方法来安排审计项目。

待审计项目清单

审计生命周期的这一阶段始于我们在风险评估期间产生的按优先级排序的风险清单。现在该清单就是我们待审计的风险清单。审计部门负责人应审查待审计的风险清单，寻找自然形成的分组。分组后的风险将构成审计项目。审查结束后，有的审计项目可能只包含一项风险，有的审计项目可能包含多项风险。对风险分组并开展审计的方式可以根据组织及风险的性质来确定。对许多人来说，风险的分组可能取决于风险和控制负责人。我们还得在组织内部开展工作，所以如果我们可以一次性审计同一负责人管理的多项风险，就不会因对风险分拆审计而反复打扰他，让他对审计感到厌烦。

用户故事创建

　　用户故事是敏捷项目管理的一个标准工具。当敏捷理念最初应用于软件开发时，编写用户故事是为了描述软件用户对新功能的需求。在敏捷审计环境中，我们可能会发现创建故事有助于描述审计计划的考虑因素（IIA 标准 2201）、目标（IIA 标准 2210）和范围（IIA 标准 2220）。每个故事将帮助你估算时间投入和资源分配。敏捷审计中的故事包含三个要素：谁、什么和为什么。我们可以这样表述审计故事："管理层希望了解与＿＿＿＿＿＿相关的组织风险敞口，因为＿＿＿＿＿＿。"

　　接下来，我们估算审计项目所需的资源组合。审计资源包括两部分：工时和技能。敏捷审计团队由具备特定技能且有档期的审计人员组成。审计任务会分配给那些档期和技能最匹配的团队。

项目优先级

　　审计项目优先级排序应遵循与风险优先级排序相同的原则。如果风险已被分组并创建了审计项目，则审计项目在风险级别上应保持与最高评级风险相当的优先顺序。相对排序可以以分类级别（高、中、低）的形式表示，或者你可能会发现，为了清晰起见，分配一个数字评分更为简便。

能力规划

在能力规划过程中，你需要估算一个敏捷团队能够实际完成多少审计项目。部门可能被分成多个团队，为每个团队单独制定待审计项目清单会更加容易。

经风险评估生成的初始审计计划包括两种主要的审计项目类型：强制性审计项目和基于风险的审计项目。完成这些审计项目所需的时间和资源可能远超出现有的能力，因此我们需要决定哪些审计项目在当季完成，哪些推迟，哪些可以放弃。表5-1是一个潜在审计项目示例清单。为了便于讨论，假设这些审计项目都被评为了高风险。

表5-1 审计项目示例清单

强制性审计项目	基于风险的审计项目
SOX 审计	员工工作安全
	人才招聘
	设备采购
	产品环境安全
全球信息与隐私政策 GDPR 审计	来自政府机构的阻力
	产品定价和营销
	设备保护

清单上有十项潜在的审计项目，在理想情况下，我们会全部完成，但现实情况是我们的资源有限。为了确定我们的审计能力，我们可以假设一个拥有 15 名审计师的审计部门，进行审计计划的估算模拟（见表 5-2）。需要注意的是，我们当前仅模拟制订一个季度的审计计划。该模拟基于以下几个常见假设：

1. 每人每年总工时为 2 080 小时 [=40（小时 / 周）×52（周 / 年）]。

2. 我们评估的是一个季度，所以基础工时为 520（=2 080/4）小时。

3. 为不同职级的员工分配不同的审计项目，同时为各职级员工均预留一部分时间处理行政事务。

4. 每个审计团队配备一名经理，审计团队成员由高级审计师和审计师混编。

表 5-2　审计总工时数计算示例

资源	数量	可用工时数	计算
首席审计执行官	1	—	CAE 不直接参与审计项目
审计总监	2	260	25% 的工时用于审核审计项目 ［（2 080/4）×2］×0.25
审计经理	3	1 170	75% 的工时用于执行审计项目 ［（2 080/4）×3］×0.75
高级审计员	5	2 080	80% 的工时用于执行审计项目 ［（2 080/4）×5］×0.80
审计员	4	1 872	90% 的工时用于执行审计项目 ［（2 080/4）×4］×0.90
季度总工时	—	5 382	—

时间表安排

在本季度，我们计划每个团队执行两项审计项目，这意味着每项审计项目将持续五周，每项审计项目结束后留出一周时间用于各团队处理行政工作。在敏捷术语中，每项审计项目的时间表就是五周。这一时间表意味着在五周结束时，该审计项目就会结束。

最终的审计计划如表 5-3 所示。该计划不包括审计总监的工时，因为每项审计项目将由一名审计总监进行约 32 小时的审核。在审计计划初期，我们有十项潜在的审计项目，但我们的审计能力仅允许我们完成六项。如果这些审计项目能提前完成，我们就可以更快地推进其他审计项目。如果审计项目按时完成但团队无法执行剩余的四项审计项目，这些审计项目就会转入待审计项目清单。在我们的案例中，有一项强制性审计项目需要在之后的某个季度开展，以覆盖具体风险。对于三项不在时间表上的基于风险的审计项目，我们可以在下个季度开展，如果在此期间出现了需要开展审计的更紧迫的风险，我们可以放弃这些审计项目。

表 5-3 包含冲刺阶段的敏捷审计计划示例

	冲刺 1		冲刺 2		冲刺 3		冲刺 1		冲刺 2		冲刺 3	
	第 1 周	第 2 周	第 3 周	第 4 周	第 5 周	第 6 周	第 7 周	第 8 周	第 9 周	第 10 周	第 11 周	第 12 周
团队 1	员工工作安全审计（845 小时）						产品环境安全审计（845 小时）					
奥利弗	195 小时						195 小时					
史蒂文	208 小时						208 小时					
塔米卡	208 小时						208 小时					
杰登	234 小时						234 小时					
团队 2	人才招聘审计（871 小时）						SOX 审计（871 小时）					
汤姆	195 小时						195 小时					
鲁宾逊	208 小时						208 小时					
杰克逊	234 小时						234 小时					
贾丝明	234 小时						234 小时					
团队 3	设备采购审计（845 小时）						GDPR 审计（845 小时）					
特丝	195 小时						195 小时					
珍妮弗	208 小时						208 小时					
莱拉	208 小时						208 小时					
劳伦	234 小时						234 小时					

角色　审计经理　高级审计员　审计员

在敏捷审计流程中，我们所做的一切都是在风险与资源之间寻求平衡。同样地，我们现在不开展的审计项目或特殊审计项目将成为我们未来的待审计项目清单。

请注意，每轮审计项目的开始和结束时间是一致的。这种流程设计的目的是让审计项目按照既定节奏运行，以可预测的频率向管理层提供洞察。我们的主要目标之一是更快地向管理层提供洞察。表 5-3 的示例可以每六周或每季度（视组织情况而定）向高级管理层提供洞察。未来成熟的目标是按需提供洞察。

团队成员选择

在理想情况下，敏捷审计团队应在多项审计项目中保持稳定。这种连续性能够使团队更好地发展成为一个凝聚力强的集体，有助于团队早日完成当前审计项目，提前开展下一项审计项目。团队的构建通常取决于完成组织特定类型的审计项目所需的技能。作为成功的范例，许多成功的团队在构建时都考虑了思维多样性，这使团队能够灵活应对各种主题。

专家引入

团队并不总是恰好拥有完成每一项测试所需的资源或技能，此时应引入领域专家来增强团队的技能。如今，领域专家可能具备如数据分析、数据挖掘或会计技术等特定审计技能，他们也可能来自审计之外的部门。在审计面对不熟悉的领域时，从组织内部借调领域专家或聘请外部顾问会非常有帮助。领域专家可以在整个审计周期、冲刺阶段甚至单次测试中为团队提供支援。

通过本章的介绍，我们现在可以将敏捷审计流程可视化，如图 5-1 所示。审计生命周期中的审计计划流程生成了待审计项目清单，它取代了传统的审计计划。

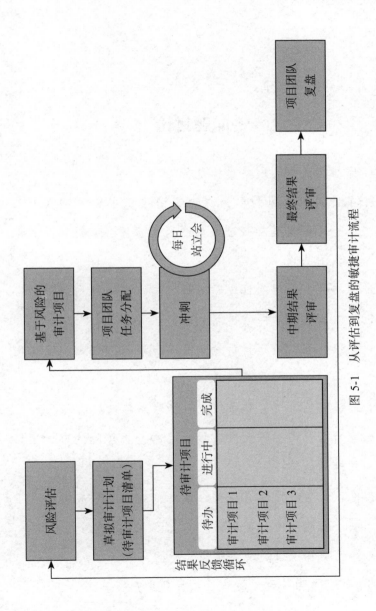

图 5-1 从评估到复盘的敏捷审计流程

问题讨论

1. 你所在组织的战略目标是什么？

2. 在讨论新兴风险时，你会邀请组织中的哪些人员参与？请考虑高层管理人员、风险管理、合规以及其他确认团队。

3. 你的数据分析项目成熟度如何？

4. 你以前考虑过探索性测试吗？

5. 你认为当前的审计计划流程是基于风险的吗？请给出理由。

6. 你能否将审计计划与组织目标联系起来？

7. 你所在部门的强制性审计项目和基于风险的审计项目的比例是多少？

8. 你认为这种比例合适吗，或者你认为计划应包含更多基于风险的审计项目吗？

9. 你的审计项目通常持续多长时间？

10. 什么原因导致你的审计项目超期？

案例研究

　　加比和总监迈克、帕姆能够非常迅速地制订审计计划。这是他们多年来召开过的最快一次审计计划会议。团队已经组建完毕，将风险按优先级排序的工作让选择审计项目变得非常简单，只需沿着清单按顺序选择即可。

　　为了完成审计计划工作并设定时间表，各审计团队被安排进日程（见表5-4）。在今年第一季度内，三个审计团队将完成六项审计项目（每个团队负责两项审计项目）。迈克和帕姆将担任审计项目的敏捷教练。迈克将担任团队1和团队2的敏捷教练，帕姆将负责团队3。

　　在开始现场审计工作前，艾弗里受聘为迈克和帕姆提供敏捷教练培训。该培训计划涵盖以下方面：

　　1. 成为服务型领导和审计团队的代言人。
　　2. 以价值观、原则和最佳实践指导团队改进工作。
　　3. 促进跨职能团队中所有角色间的紧密合作。

表 5-4　敏捷审计计划示例

	冲刺 1		冲刺 2		冲刺 3		冲刺 1		冲刺 2		冲刺 3	
	第 1 周	第 2 周	第 3 周	第 4 周	第 5 周	第 6 周	第 7 周	第 8 周	第 9 周	第 10 周	第 11 周	第 12 周
团队 1												
迈克	员工工作安全审计（845 小时）						产品环境安全审计（845 小时）					
奥利弗	195 小时						195 小时					
史蒂文	208 小时						208 小时					
塔米卡	208 小时						208 小时					
杰登	234 小时						234 小时					
团队 2												
迈克	人才招聘审计（871 小时）						SOX 审计（871 小时）					
汤姆	195 小时						195 小时					
鲁宾逊	208 小时						208 小时					
杰克逊	234 小时						234 小时					
贾丝明	234 小时						234 小时					
团队 3												
帕姆	设备采购审计（845 小时）						GDPR 审计（845 小时）					
特丝	195 小时						195 小时					
珍妮弗	208 小时						208 小时					
莱拉	208 小时						208 小时					
劳拉	234 小时						234 小时					
角色	审计经理	高级审计员	审计员									

4. 协助加比准备和优化待审计项目清单。

5. 保护团队免受外部影响。

6. 维护团队规则（在流程的限制内工作）。

7. 推动团队向团队目标迈进。

8. 领导团队努力改进流程。

9. 推动活动开展——每日站立会、计划、评审和复盘。

10. 清除障碍。

11. 推广成功范例。

12. 打造高绩效审计团队。

13. 与其他团队协调。

14. 支持敏捷审计方法的采纳。

15. 改进审计委员会报告的编制。

除培训外，艾弗里还计划在审计项目的前两周亲自指导迈克和帕姆。艾弗里会主持最初的几次每日站立会，然后观察迈克和帕姆自己主持会议的情况。随着培训的完成和辅导计划的设定，团队决定开始现场审计工作。

加比发送了前三项审计项目的通知书，启动了审计项目执行流程。她试图提前解决以往遇到的问题，所以在通知书中加入了关于风险的措辞。以下是其中一封通知书。

内部审计通知书

日期：20××年2月27日

致相关人员：

内部审计部门将于20××年4月2日起对职场安全相关的风险进行审计，预计于20××年5月11日前后结束。为实现评估本组织保护员工能力的目标，审计范围将覆盖所有与降低工作场所安全风险有关的控制。

为协助我们完成此次审计，我们希望在现场工作开始前获取一些审计资料。请提供以下资料：

1. 安全政策和程序。

2. 安全培训和效果评估。

3. 过去一年的事故报告。

4. 过去一年的工伤索赔记录。

5. 过去一年员工出勤记录与带薪休假和公司假期的对比。

鉴于我们采用敏捷审计流程，我们需要在一周内收到这些资料。后续的资料请求也请尽量在三日内回复。

我们需要您指定一名核心员工参加我们的每日站立会。我们每两周将举行一次冲刺复盘会议，以检视审计进度、障碍和问题。最后一次冲刺复盘会议将作为审计结束会议。届时我们将针对发现的问题制订行动计划，提交一份一页纸的摘要报告给高级管理层，问题将直接进入整改阶段。

我们期待在未来几周与您和您的团队合作。如有任何疑问，请直接联系迈克或我。审计团队将在周一下午的启动会议上进行自我介绍。我们已经与您的行政助理做好了会议安排。

致谢，

加比，首席审计执行官

第六章

敏捷审计执行

　　本章介绍了敏捷审计执行的具体细节，如冲刺管理、每日站立会、团队协作技巧、冲刺复盘等，强调在执行过程中确保最关键领域被最优先覆盖，保持团队动力，促进协作，并不断优化工作流程，以实现高效和高响应的审计。

现在我们有了审计计划，接下来进入执行阶段，即现场审计阶段。我们可以应用敏捷的、基于风险的审计方法，确保最关键的领域在现场工作中被最优先覆盖。

项目组织

从敏捷审计的角度看，一项审计项目就是一个"故事"，而一项风险则是一次"冲刺"。我们执行审计项目是为了充分了解一个主题，以便向高级管理层讲述组织在哪些方面取得成功、在哪些方面需要改进的故事。在一次冲刺中，我们确定要完成的工作范围，并考虑采用什么方式开展工作。同样，我们也要确定风险和控制的测试范围，并在团队成员间分配测试任务。在每次冲刺结束时，我们将与管理层召开结果复盘会议，回顾审计发现的问题。

项目管理

敏捷审计测试的具体细节与传统审计相同，敏捷审计与传统审计最大的区别在于审计项目管理。我们将运用多种敏捷工具和技术来实现我们的目标，即审计最高优先级风险并按时完成审计项目。

Scrum 看板

虽然还有许多其他工具，但最常用的敏捷管理工具是 Scrum 看板（见图 6-1）。Scrum 看板将审计项目的管理阶段可视化。阶段名称可以根据实际情况设定，但应与以下列出的内容含义一致。Scrum 看板通常包含以下五到六列：

- 审计项目（敏捷术语中的故事）
- 待办
- 受阻（可选）
- 进行中
- 审核中
- 已完成

　　根据你设计的看板，你可能需要先定义审计项目栏。如果每个看板仅包含一项审计项目，则可以省略此栏，直接将审计项目名称列示在图 6-2 的看板标题中。只有当一个看板上包含多项审计项目时，才需要这一栏。

　　下一栏是"待办"。这一栏记录了仍需测试的风险。在审计刚开始时，该栏包括审计范围内的所有风险。

　　你可以在旁边增加一个可选栏"受阻"，用来记录当前受阻的测试。测试开始后，工作进度可能因被审计方延迟提供文件或不安排访谈时间而延缓。此时你可以将延缓的测试从"进行中"栏退回到该栏。"进行中"栏包含了审计团队目前正在进行测试的所有项目。审计团队的目标是在一到两周内完成"进行中"栏中的每一项测试。当测试完成后，相应的风险会移动到"审核中"栏。如果测试工作遇到阻碍，则将其移动到"受阻"栏。一旦审计师完成测试，项目就会移动到"审核中"一栏。此时，审计负责人或审计经理开始执行审核流程。在审计负责人审核测试、添加更新、验证问题并最终将项目转到"已完成"栏期间，该项目应保留在"审核中"一栏。存在问题的测试应保持此状态，直到审计团队向被审计方分享已发现的问题。

图 6-1 审计计划 Scrum 看板示例

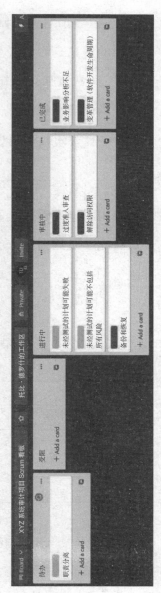

图 6-2 审计项目 Scrum 看板示例

"已完成"栏表示对该风险的审计工作已完成。除非在测试过程中出现新的信息，否则最后一栏中的项目应保持在已完成状态。"已完成"通常意味着测试已经完成、得到支持并且经过审核，所有问题均已经与被审计方沟通。一旦所有的风险和管理任务都处于最后一栏，审计项目即宣告完成。

燃尽图

另一个有用的审计管理工具是燃尽图。燃尽图用来表示剩余的工作量与时间，是以对比未完成的工作量与目标时间的形式展现的一种趋势图。通常，未完成的工作量用纵轴表示，目标时间用横轴表示（见图6-3）。

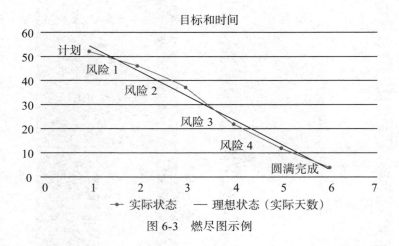

图6-3 燃尽图示例

定义"完成"

我们努力实现的目标之一是在执行敏捷审计中避免范围扩大。避免范围扩大的一个方法是定义"完成"。传统审计往往缺乏审计范围的明确界限，我们通常基于某一审计程序的完成来宣布审计项目完成；而敏捷审计方法是基于具体风险及其相关控制来开展的，因此我们测试了与风险相关的关键控制之后即可宣布审计项目完成。

复盘会议

敏捷思维模式的一个重要特征是持续迭代。复盘会议旨在促进团队人员对审计项目进行开放且有组织的讨论，以便进行流程迭代。其形式与第七章"敏捷审计报告"部分所述相同。我们将复盘会议分为四个部分：

1. 项目回顾：复盘项目事实，包括目标、时间表、预算、重大事件和成功标志，并创建一个共享信息池，帮助每位团队成员回忆细节。

2. 成功方面：确保团队成员分享他们在项目中学到的知识。目的是理解成功的背后原因，并肯定所有积极方面。

3. 待改进方面：发掘团队目前面临的困难、问题和不满。不评判任何个人的表现或惩罚任何人，只须让对话顺利进行。

4. 行动计划：能否实现真正的改进，是判断复盘会议是否取得成功的关键标准。会议结束时，应制订具体的改进行动计划。行动计划应明确负责人和实施日期。团队成员应为未来的创新集思广益。

审计冲刺

在传统审计方法中，每位审计师会根据各自的审计程序或控制目标开展工作，直至审计结束。而在敏捷审计执行过程中，我们有两种选择：要么改变方法论，让团队共同完成一项风险点的测试工作，要么将需要审计的风险分配给每位团队成员。无论采取哪种方式，我们都依据风险排序来开展敏捷审计，优先审计在审计计划中所评定的最高级风险，并在现场审计中首先审计这些风险。随后，我们将风险细分为控制及相关测试，并分配到各次冲刺中。审计冲刺通常持续一到两周。在处理完第一项风险后，我们再将下一项风险分配给团队成员。通过这种方式，我们可以按照风险评估的优先级顺序逐一审计优先级最高的风险。

每日站立会

在敏捷审计中，我们用每日站立会取代了不定期的状态更新会议。每日站立会对于审计项目的成功至关重要，审计团队需要开放且频繁的沟通，以保持测试工作的进度、克服障碍，并最终完成审计项目。每日站立会应简短扼要，被审计方的关键成员也可以参加。虽然被审计方可能不总是愿意参加每日站立会，但应鼓励他们至少每周参加一次。

由于我们是在特定的时间表内工作，我们必须在审计项目的最后一天完成所有工作。我们不允许发生审计范围扩大、时间延误或效率浪费的情况，因此需按照既定计划，按照优先级顺序，采用以风险为基础的方法完成审计项目。

从过去的经验看，按时完成审计项目常面临四大障碍：

1. 获取审计资料延误。

2. 审计范围扩大，有时因扩大测试范围引起。

3. 审计结束时才进行审核。

4. 对审计报告争论不休。

对于获取审计资料的障碍，在敏捷审计计划阶段，我们会在审计项目开始前与管理层建立几项预期。审计通知书已经记录了审计项目的范围和目标，还应当包含对审计项目执行的预期。我们应在审计通知书中说明，我们将在审计第一天（或之前）提供初步的资料需求，并明确需要在特定日期前收到这些资料。同时，应设定后续请求的预期——希望尽可能在审计需求提出后三日内收到回复。通过提前设定预期，我们可以在必要时处理延误的问题。

对于审计范围的障碍，我们对记录审计范围很熟悉，但为了留有调整余地，通常会对条款进行模糊处理。为避免审计范围扩大，我们应尽可能准确地界定审计范围。我们现在根据风险术语来定义审计项目，以风险为起点可能是一个显著的变化。我们可以用一个实际的例子来解释这意味着什么。

例如，在传统的人力资源审计项目中，我们关注端到端的招聘流程、文件合规性、入职、薪酬、评估、晋升和解雇。我们可能要花数周时间翻阅文件柜，尽可能多地进行验证。而在敏捷审计中，我们关注与人力资源相关的最紧迫、最重要的风险，比如招聘过程中的歧视、不同性别或种族间的工资差异或不安全的工作条件等。当聚焦风险时，我们的审计就变得截然不同，在整个敏捷审计过程中，我们很可能根本不需要打开文件柜。这并不是说传统的合规性和流程审查不重要，只是它们不是敏捷审计的重点。

对于审核流程的障碍，问题往往出在我们的习惯上。我们需要一个机制或技术解决方案来记录工作、为工作内容签字确认并证明我们的审核流程。现场审计师必须勤勉地按时完成工作，审核也应尽可能接近实时进行。只有实时审核，才能有足够的时间发现和确认问题，并向管理层报告。

对于审计报告的障碍，与其他障碍一样，我们应在审计开始前设定预期。敏捷审计流程要求审计团队与审计涉及的各方之间保持开放的沟通。我们通过短期的冲刺（一到两周）来完成工作，因此我们计划在每次冲刺结束时召开会议，讨论当前发现的问题，并在会议中制订解决问题的行动计划。关于敏捷审计报告的内容，我们将在下一章详细讨论。

团队将在每日站立会上讨论这些障碍。在审计开始时，我们会设定预期，并邀请被审计方参加每日站立会，避免工作受阻。

团队管理

　　敏捷教练相信敏捷审计团队能够完成工作。一旦初始计划开始实施，完成审计项目就意味着对与优先的风险相关的控制进行测试。敏捷教练通过确保在团队成员继续推进之前完成测试，并跟踪每个团队成员正在处理的风险，来保持团队的进度，这样团队就可以在完成测试后独立地处理风险。

冲刺复盘

敏捷审计环境中的一个理念是在每次冲刺结束时有一个可交付的产品。作为审计师，我们的产品就是为管理层提供的风险洞察。敏捷审计在每次冲刺结束时都会进行冲刺复盘，与被审计方沟通审计发现的问题并肯定成功的方面。有些敏捷审计部门会在每次冲刺结束时编制正式的审计报告。IIA 标准实际上从未要求我们编制审计报告，标准要求的是沟通范围、目标及结果（参见下文标准 2410）。同样，冲刺复盘的目标也是有效地、高效地传达过去一周的测试结果。

我们把冲刺复盘会议分成四个步骤，整个会议仅持续 30 分钟。这四个步骤应写在白板上、投影在会议室或通过网络会议等方式共享给大家看。会议具体步骤如下：

步骤 1： 设定场景（5 分钟）。

步骤 2： 成功方面（10 分钟）。

步骤 3： 待改进方面（10 分钟）。

步骤 4： 行动计划（5 分钟）。

在步骤 1 中，我们首先回顾上周的审计范围，范围应涵盖我们测试的风险及相关控制。步骤 2 是确认进展顺利的审计领域，并将这些领域记录在案。对于一些审计师来说，谈论在哪些方面做得好可能会让他们感觉陌生，因为并不是每个人都会在传统的审计报告中给出正面反馈（参见标准 2410.A2）。

2410：沟通的标准。沟通内容必须包含审计工作的目标、范围和结果。

◇ 2410.A1：审计工作结果的最终沟通必须包含适用的结论，以及适用的建议和 / 或行动计划。在适当的情况下，应提供内部审计师的意见。

◇ 2410.A2：鼓励内部审计师在审计沟通中肯定满意的表现。

接下来的两个步骤与问题和行动计划有关。在步骤 3 中，我们分享发现的问题。记得遵循撰写问题的最佳做法。如果我们在问题描述中清楚地列出了标准、现状、原因和影响，管理层就不太可能提出异议。

下面是一个撰写规范的问题示例。

问题：收集海洋塑料的船上缺少水上安全设备。

标准：所有用于收集海洋塑料的船只必须配备适当的救生设备，包括浮力装置和应急照明弹。

现状：在对船只进行检查时，我们发现浮力装置太大，无法满足所有员工的需求。

原因：用于收集海洋塑料的船只仅配备了基本的（均码）救生衣。

影响：在紧急情况下，不合身的救生衣增加了员工受伤或死亡的风险。

建议：我们建议船上配备多种尺码的救生设备，或为自行购买合适尺码救生衣的员工报销购置费用。

行动计划：为船上的员工提供经过认可的救生衣。每位员工可以在内网上选择尺码合适的品牌救生衣。救生衣将在一周内提供。

负责人：詹姆斯·里根，收集安全协调员。

预计整改日期：20××年6月1日。

在步骤4中，我们会进行下一步行动，即就整改行动计划达成共识。

在传统审计流程中，发现问题后，我们为了报告常常花太多时间来记录问题。报告的初衷是作为一种沟通辅助工具，很明显我们已经偏离了报告的真正意义。我们在咬文嚼字、争论用词，以及等待正式书面回复上耗费了太多时间。当我们采用敏捷审计方法时，问题跟进可以在复盘会议后立即开始。你也可以选择编制报告来与其他人（如法律顾问或外部审计师）共享问题信息，完全取决于你和你所在组织的需要。

问题讨论

1. 在你所处的环境中，你认为 Scrum 看板和燃尽图将如何发挥作用？

2. 目前你使用哪些工具来管理审计进度？

3. 考虑你所在部门当前的跟踪流程，所有审计项目和审计经理之间是否保持一致？

4. 你的审计项目通常持续多久？

5. 你在审计报告上花了多少时间？你如何看待书面审计报告这一形式的价值？你是否愿意改变这一流程？

6. 什么原因导致你们的审计项目超期？审计项目超期的频率有多高？

7. 你们目前是否每周与被审计方举行正式会议，讨论审计进度和发现的问题？

8. 你还遇到过哪些其他障碍？你是如何消除这些障碍的？

9. 你认为被审计方会参加每日站立会吗？

案例研究

在审计冲刺的第一天，艾弗里主持了每日站立会。他首先询问团队是否需要更多关于审计范围的信息以增进理解。接着，他询问每位团队成员是否有足够的审计资料来开始工作。由于是第一天，大家都知道很快会从管理层获得更多审计资料。团队计划以资料审查和安排访谈开始当天的工作。

第二天早上，艾弗里再次主持了站立会。他问大家在安排访谈方面是否遇到了问题。一名团队成员表示，他们收到了自动回复邮件显示对方外出办公，不知道还能联系谁。艾弗里表示他会查明情况，并请该成员继续进行资料审查。

随后，艾弗里和迈克找到被审计方的联系人，向其说明了情况，并询问应该联系谁来进行该领域的访谈。这位联系人找到了该部门的主管，对方既有空闲，又对该领域非常了解。他们随即安排了当天下午的访谈。

第三天，迈克主持召开了每日站立会。他首先询问了大家昨晚的情况，要求大家汇报目前工作的最新进展，并分享了前一天成功安排访谈的好消息。最后，迈克问是否有什么他可以做的来帮助大家推进工作。无人发言，于是他结束了每日站立会。

团队离开后，艾弗里把迈克拉到一边问道："迈克，你觉得今天的站立会开得怎么样？"

"我觉得挺好的，"迈克回答，"一切似乎在顺利进行。"

艾弗里接着问："迈克，有没有人在安排访谈或获取审计资料时遇到困难？"

"我想应该没有，"迈克说，"没人提出来。"

艾弗里解释说："在敏捷审计环境下，我们永远不能做假设。虽然将每日站立会当作传统会议来对待很诱人，但每日站立会对敏捷教练来说有特定的目的。每日站立会是你发现障碍的时机，你不必以客套话开场，也不需要更新状态。我们可以通过审计文档工具的实时仪表盘和跟进邮件来处理状态更新。为了充分利用会议时间，你应该直接询问团队的需要。目前，在审计开始阶段，就是访谈和审计资料。"

迈克说："我明白了。我想我太习惯过去的方式了，很容易就回到了老套路中。我觉得你们昨天的会议有点儿太直接了，所以我想让会议氛围变得更友好一些。"

艾弗里回应说："我能理解，保持友好氛围的想法没错，但请记住，这样的每日站立会每天都会召开。从长远来看，团队会感激你让会议变得简短而切中要害。"

| 第七章 |

敏捷审计报告

结合 IIA 标准，本章介绍了敏捷审计报告的编制要点，强调实时向审计委员会报告的重要性。审计报告应图文并茂，重点关注风险、控制和分类的问题趋势，以提高透明度和可读性，支持决策制定。

　　敏捷审计报告包括审计项目报告和审计委员会报告两种类型。正如我们在第六章中所述，审计项目报告不需要遵循 IIA 标准，但许多审计部门仍然选择编制该类报告。

审计项目报告

如果我们采用冲刺评审中讨论的概念，审计项目结束应该不是审计项目的高潮，最后的冲刺复盘即是审计项目结束会议。所有问题在发现时已与管理层进行了讨论，因此审计项目结束会议仅涵盖在最后的冲刺阶段发现的问题。审计项目结束后，如沟通需要，我们可以准备一份报告。对于那些需要编制公开发布报告的组织，这类报告可能会有所帮助。编制冗长的报告往往会妨碍信息的传递。如果是需要编制给高级管理层看的报告，应包含更多摘要信息，图文并茂。

> 敏捷审计成功的最终衡量标准
>
> 是
>
> 向高层领导提供
>
> 有关风险和控制的洞察。

我们编制的任何报告都应向目标客户传达特定的信息。传统的审计报告常常明确旨在遵循 IIA 标准。审计报告中充斥着审计术语，扭曲了信息。为了阐明需要用通俗术语替换专业术语的必要性，我们可以审视审计报告中使用的词汇。审计报告是审计团队制作的面向客户的文件，但我们在撰写审计报告时并不总是考虑客户。经过多年的接触，高级管理层可能对审计术语并不陌生，但我们也要向被审计方的团队报告。在某些情况下，他们可能会与员工或公众分享报告。表 7-1 将常见的审计术语与我们可能使用的可替换的术语进行了比较。

表 7-1　审计术语举例

审计术语	可替换的术语
范围	我们审查了什么
目标	我们为什么进行审查
问题 / 发现 / 意见	我们发现了什么
标准	我们寻找的是什么
现状	我们观察到了什么
原因	事情是如何发生的
影响	为什么很重要

在敏捷审计环境下，我们需要设计审计流程以扫除障碍。我们知道，起草和争论审计报告是按时完成审计项目的主要障碍，因此我们可以通过设计符合需求、传达信息、避免对立的报告来控制这一风险。

一种有效的方法是制作单页信息图表，而不是多页审计报告。由于敏捷审计的范围通常被定义为一小部分风险，甚至只包含一项风险，因此敏捷审计在本质上更适用信息图表形式的审计报告。

审计委员会报告

　　审计部门与审计委员会之间的一个纽带是季度报告。如果目前你还没有召开季度会议，这很可能就是你的目标。最终，我们的目标是实时、按需报告。如果你还记得审计计划部分的内容，我们有意按固定的节奏开展审计项目。通过这样的工作安排，我们可以同时结束所有的审计冲刺，同时交付结果，同时结束审计项目。

　　在审计期间高频提供审计洞察，提供实时结果，至少每季度向审计委员会报告，报告的时间周期越短越好。

　　我们提供给审计委员会的结果必须能让其深入了解组织的风险和控制。太多传统的审计委员会报告用了无数张充斥着大量统计数据的幻灯片。

报告可视化

　　审计委员会会议的主要目的是更新与可能阻碍组织实现战略目标的风险相关的控制。审计报告应采用图文并茂的形式，重点关注风险、控制和分类的问题趋势。在审计报告中，对问题的描述应包括图表和图像，以帮助客户了解问题所代表的风险敞口的性质和影响。

及时发布报告

迄今为止，传统审计活动中最耗时的环节之一就是审计报告。许多审计部门要花费几周甚至更长的时间来撰写、斟酌措辞，并调整每个问题的语气，最后审计的影响已经消退，每个问题的原意也变得模糊不清。在审计报告发布过程中，大部分的忧虑源自恐惧。被审计方担心自身的声誉受损以及可能因问题曝光而遭到处罚。审计师则担心审计报告引起正面冲突。将冗长的书面审计报告形式改为演示形式，可以缓解这种恐惧。当重点转移到公开讨论问题并寻找解决方案时，恐惧感就会减少。将可交付的成果从长篇报告改为附有执行摘要的信息图表，会对对话的氛围产生显著影响。

报告频率

内部审计团队是审计委员会的耳目，审计委员会需要快速获得信息。对于大多数组织而言，首席审计执行官每季度向审计委员会提供一次最新信息。在敏捷审计团队中，这一频次应该增加。目标是尽可能接近实时地向审计委员会报告信息。当审计冲刺节奏保持一致时，审计结果会在每季度末呈现给被审计方。审计团队可以汇总结果，并将相关数据报告审计委员会。

报告形式

　　优化审计委员会报告的形式与提高报告频率同样重要。要实现实时报告，技术的使用至关重要。应将问题汇总，并以易于理解的可视化形式呈现。现在审计委员会能够实时访问与他们在会议上看到的形式相同的信息，首席审计执行官就可以在会议中讨论问题趋势、风险敞口以及审计部门的状况。

演示文稿编制

　　演示文稿本身也可以发生变化。编制演示文稿是审计部门另一项耗时的工作。减少审计委员会会议工作量的关键在于自动化，可以直接从审计结果中将数据输入软件进行分析和演示。如果无法实现自动化，则应使用简洁的视觉效果，重点介绍问题趋势和风险敞口。

问题讨论

1. 你对当前审计报告流程的满意度如何？

2. 你从被审计方那里收到过哪些反对意见？

3. 你可以通过哪些方式提高问题报告的质量？

4. 你预计大家会对冲刺复盘有何反应？你认为整个组织
   的反应会相同吗？

案例研究

在 Aqua Junk 公司，审计报告曾是一场噩梦。审计项目大约在六周后结束，而审计报告又需要额外四周才能完成。加比决心减少在审计报告上花费的时间和精力。她设计的报告形式从正面的角度突出了审计结果。例如，在最近的一次审计中，团队发现有 10% 的员工未完成必要的安全培训。图 7-1 是审计结束时审计团队制作的一页完整的信息图表。为了展示这一问题，信息图表披露 90% 的员工完成了培训，并用饼状图展示了这一结果。

加比还希望确保审计报告遵循 IIA 标准。报告的标准 2410——"沟通的标准"一般要求审计团队报告"审计项目的目标、范围和结果"。该标准还规定，"结果必须包括适用的结论以及适用的建议和 / 或行动计划"。

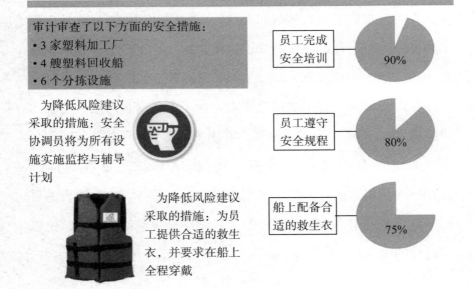

员工安全审计报告
20XX 年 6 月 1 日

支持 Aqua Junk 公司的使命：组织全球力量打捞并清除全球水域中的塑料。

审计范围内的风险：保护在艰苦工作条件下作业的员工。

审计审查了以下方面的安全措施：
- 3 家塑料加工厂
- 4 艘塑料回收船
- 6 个分拣设施

员工完成安全培训 90%

为降低风险建议采取的措施：安全协调员将为所有设施实施监控与辅导计划

员工遵守安全规程 80%

为降低风险建议采取的措施：为员工提供合适的救生衣，并要求在船上全程穿戴

船上配备合适的救生衣 75%

Aqua Junk 公司专用
注意保密

符合 IIA 标准

图 7-1　信息图表形式的审计报告示例

| 第八章 |

敏捷审计转型

本章介绍了推动敏捷审计转型的策略，包括确立转型目标、建设高绩效团队、培训管理及执行人员、风险评估试点、审计执行试点及报告试点、流程效果评估。本章还介绍了敏捷思维嵌入、敏捷认证的价值及其在转型中发挥的作用。

　　有了前几章奠定的基础，我们现在推进转型进程。敏捷审计转型本身是一个项目，为了成功实施需要项目管理。敏捷审计转型将包括制订计划、试点审计以及根据试点结果进行调整。

理念推广

　　审计师考虑向敏捷审计转型通常都有其原因。对于一些审计师来说，是组织推动他们采用敏捷思维；对于另一些审计师，则是他们主动引领变革。无论是哪种情况，你可能都需要为这一理念做一些推广工作。如果你正在领导审计部门向敏捷审计转型，请考虑这一变化会对你的团队、被审计方、审计委员会有何影响。如果敏捷审计转型是所在组织敏捷转型的一部分，敏捷审计转型的重点就会主要落在审计模式转型上，即你的团队如何采用符合审计目标的审计模式。

转型目标确立

在制订敏捷审计转型计划时，第一步是确立转型目标。主要问题是："通过敏捷审计转型，你希望实现什么目标？"在转型的开始，我们需要界定打算采用敏捷审计方法的审计生命周期范围。转型可以是分阶段的，也可以是一次性的。

在确立转型目标的过程中，我们需要做出几项关键决策：

1. 谁来执行任务？

2. 如何组织团队？

3. 你能接受多长的审计时间？

4. 何时转型？

在审计工作中，我们既有内部利益相关方，也有外部利益相关方。内部利益相关方将在审计计划、风险讨论或更全面的沟通流程中发挥作用。内部利益相关方通常包括：

1. 审计部门。

2. 被审计方。

3. 高级管理层。

4. 审计委员会。

5. 审计团队。

6. 审计合作伙伴。

对外，我们对整个组织、组织的客户和业务伙伴负有责任。这些群体在审计部门中扮演着边缘角色，因为他们不会直接影响我们的工作，但他们确实会影响组织的战略和战略风险，而这些在一定程度上驱动着我们的审计计划。

现在是时候执行转型期间制订的所有计划，并对你选择进行转型的领域做出改变了。并非所有审计团队都能完成整个审计生命周期的转型。有些团队只对审计执行进行转型，并准备随后改变审计计划流程。这一过程中可能会遇到一些障碍。参照最佳做法，你可以为计划转型的流程设立一个短期试点。

在转型期间，我们将计划开展几次重要的对话和活动。

1. 与审计委员会的讨论。

2. 与审计部门的讨论。

3. 与高级管理层关于风险的讨论。

4. 与确认合作伙伴关于依赖性的讨论。

　　每次与这些团队对话并赢得他们的认同，对于转型计划都至关重要。例如，如果我们在与风险管理团队进行关于依赖性的讨论时没有赢得他们的认同，那么我们的转型计划就只须考虑审计所覆盖的范围。

　　我们需要选择一个季度作为从传统审计转向敏捷审计的切换点。敏捷审计转型是一项重大变革，因此要给自己足够的时间。在敏捷审计顾问的指导下，一般的审计部门可以在大约 12 周内完成转型，而规模较大的审计部门则需要更长的时间。

高绩效团队建设

　　建立一支高绩效的审计团队将使你能自信地开展审计项目，因为审计团队在审计过程中无须寻求经理批准就能做出决定。要做到这一点，首先需要评估审计团队的技能。IIA 发布了一份名为《当今内部审计师的核心能力》的报告⊖。在这份报告中，审计师的技能被分为两大类：行为技能和技术技能。要真正了解审计部门当前的技能水平，可以对审计部门所有个人的技能以及全体员工作为一个整体具有的技能进行评估。图 8-1 是一个评估示例，对审计师横向打分，对技能纵向打分。该评估可以帮助你决定如何构建一支具有多样化技能的审计团队，并根据需要改进的技能为每个人规划培训。在评估示例中，对每项技能从 1 分到 5 分评分，5 分最高。评分可以通过自我评估、经理评估或两者结合的方式进行。

　　图 8-1 的例子中还包括了第三大领域——资格认证。资格认证可以用于鼓励长期从业和展示专业水平。在某些情况下，共同备考资格认证考试还能增进同事间的革命友谊。

　　⊖　来自 IIA 官网。

审计师	沟通技能	访谈技能	冲突解决技能	谈判技能	持续培训技能	文化敏感性	组织技能	时间管理	拥抱变化技能	问题识别	风险分析与评估	控制识别与评估	测试与分析	审计标准与框架	商业敏感性	分析技能	建议结果与纠正措施	写作技能	引导技能	国际注册内部审计师	注册信息系统审计师	美国注册舞弊审查师	国际注册风险管理确认师	国际注册内部控制自我评估师	国际注册会计师	国家注册会计师	总分（0～100）
	行为技能									技术技能										资格认证							
麦考利·墨菲	4	3	1	1	2	4	2	2	2	4	3	1	1	2	4	3	2	2	2	5					5		65
奥克利·赫尔利	3	3	5	2	4	4	5	2	3	3	3	3	5	4	4	3	3	2	3	5	5	5			5		80
卡修斯·艾哈迈德	4	3	1	2	3	4	4	5	1	3	5	5	1	2	4	3	2	2	2		5			5			61
阿西姆·维金斯	3	3	3	5	4	4	2	2	2	4	4	3	1	1	3	3	2	3	2						5		61
康纳·斯奈德	4	3	3	1	4	4	4	2	2	3	4	4	1	2	4	4	2	2	2		5		5				69
洛基·科普兰	3	1	5	1	4	4	5	2	4	4	4	5	5	2	4	4	1	3	3			5	5				64
坎·里特	3	3	1	1	4	4	2	2	2	4	3	3	3	5	4	4	3	2	2	5		5		5			57
埃莱娜·萨默斯	4	3	4	2	4	3	2	2	2	5	4	4	1	2	4	2	2	2	2	5					5		72
阿莱娜·拉蒂夫	4	3	5	2	4	3	2	2	2	5	4	1	5	1	4	4	2	2	2	5		5					68
布莱德·克莱恩	5	3	1	1	4	4	2	2	2	5	3	3	3	5	4	4	2	2	2	5							57
合计	37	28	16	25	39	38	29	23	21	38	34	18	24	21	36	38	21	22	22								

图 8-1　审计技能评估示例

149

管理团队培训

　　敏捷审计管理团队需要接受前文所述的一般技能培训，同时也需要接受管理/领导力技能培训。管理技能应包含针对敏捷审计方法论的专门培训，以帮助审计团队顺利转型。一些审计经理常在审计团队中担任敏捷教练的角色。既然承担了这一角色，他们就应该接受更深入的敏捷审计培训。培训内容包括成为服务型领导和敏捷审计团队的代言人，指导审计团队并推进有效的敏捷活动开展。管理人员还应寻找机会弥补跨职能团队各角色之间的差距。如前所述，敏捷教练和审计经理的主要职责是清除阻碍审计团队取得进展的障碍。

敏捷审计团队培训

前面介绍的团队培训涵盖了基本审计技能，但敏捷审计团队还需要接受敏捷技能培训。审计师应理解如何在冲刺和项目的时间限制内定义风险与控制矩阵、设计测试并交付成果。许多人需要重新接受培训，审计报告不再被视为部门的主要产出，这点在敏捷审计转型初期需要特别提醒团队，以便审计团队向组织内的高级管理层提供有关风险的洞察。

敏捷审计团队需要作为一个跨职能团队共同工作，其中包括受过或未受过数据分析培训的财务人员、运营人员、技术人员和合规审计师。他们负责计划、执行和交付审计项目，共同努力实现审计目标。作为一支团队，他们抱着解决问题的心态，确保每项风险得到评估。在敏捷教练的指导下，他们遵循敏捷审计实践的方法和组织的政策协调一致开展工作。

风险评估试点

试行敏捷审计计划应从风险评估开始。与传统审计流程一样，我们需要定义审计范围。有关创建真正基于风险的审计范围的讨论，请参阅第四章。请记住，这只是试点，可以选择比平时小的审计范围。这项工作的重点是验证概念，测试你之前学到的理念。

完成风险评估后，选择一两项审计项目进行试点。在两项审计项目同时进行的情况下，你将能够全面评估团队同步工作的能力、敏捷教练的协调能力，还能避免由于样本量过少而导致结论出现偏差。

审计执行试点

在审计项目的现场工作阶段，敏捷教练的技能将受到考验。在敏捷教练的指导下，审计团队将参与启动会议、每日站立会、冲刺复盘会议和复盘会议。敏捷教练必须格外关注审计团队，因为他们总是容易回到旧习惯和旧模式中去。

报告试点

　　团队可用的技术资源将决定你如何试点审计报告。如果团队已经在使用审计管理软件或 GRC（治理、风险与合规）软件，则可以选择向管理层实时发布审计结果。如果没有这些工具，试点工作可能包括首次测试新的报告格式和问题汇总。

流程效果评估

　　诚实地评估计划的效果，衡量哪些成功，哪些无效，留意新流程可能出现的一些偏差。流程范围扩大的一个常见环节可能是每日站立会。随着大家进一步融入敏捷审计的常规工作中，每日站立会往往会演变成状态更新，而不是讨论审计项目遇到的阻碍。因此要确保敏捷审计流程走在正确的轨道上。

敏捷思维嵌入

在试点结束后，与审计团队进行开放讨论，并根据他们的反馈采取行动，对于嵌入敏捷思维大有裨益。我们可以使用之前在转型中学到的复盘的概念。最好的消息是你会在一些方面取得成功，所以庆祝胜利吧！沿途寻找早期的胜利，讨论哪些方面做得好，庆祝试点中成功的复盘会议，庆祝按时按预算完成审计项目，庆祝每一项胜利，以此来激励你的团队。变革是艰难的，审计团队需要知道他们在哪些方面做得很好。

有时我们可能做得不是很好，但失败也没关系。我们要从错误中学习，如果我们向团队表明我们真正信奉这一理念，团队成员就会更坦诚地交流自己的错误。有了坦诚的沟通，我们就能制订出共同前进的计划。

敏捷认证价值

自《敏捷宣言》发布以来，许多 IT 组织都在努力将基本概念固化为明确的框架和共识。这些努力的成果被用来开发敏捷项目管理的认证。

项目管理协会

项目管理协会（PMI）[一]已经开发了五种敏捷认证，其中四种属于其"规范敏捷"品牌：

◇ PMI 敏捷管理专业人士（PMI-ACP）® 认证

◇ 规范敏捷教练（DASM）™

◇ 规范敏捷高级教练（DASSM）™

◇ 规范敏捷专家（DAC）™

◇ 规范敏捷价值流顾问（DAVSC）™

PMI 的敏捷认证侧重于敏捷思维的概念，强调可以应用于任

[一] 参见 PMI 官网。

何情境的通用的敏捷工作方式。认证项目侧重于你会在组织中扮演的角色，从敏捷从业者到敏捷教练，再到敏捷专家。

大规模敏捷

大规模敏捷（Scaled Agile）[⊖]基于其专有的大规模敏捷框架（SAFe®）开发了一系列 14 种不同的认证。虽然这些认证可以根据个人在敏捷团队中的角色和级别单独获取，但它们之间存在一定的进阶关系。以下是当前可选的认证：

◇ SAFe 敏捷专家认证

◇ SAFe 项目顾问认证

◇ SAFe 项目顾问培训师认证

◇ SAFe 从业者认证

◇ SAFe 发布培训工程师认证

◇ SAFe 敏捷教练认证

◇ SAFe 高级敏捷教练认证

◇ SAFe DevOps 从业者认证

◇ 敏捷产品经理认证

◇ 精益组合经理认证

⊖ 参见大规模敏捷官网。

◇ *产品负责人 / 产品经理认证*

◇ *SAFe 架构师认证*

◇ *敏捷软件工程师认证*

◇ *SAFe 政府从业者认证*

C 风险学院

与上述通用知识不同，C 风险学院（cRiskAcademy）[一]和洞察力 CPE（Insight CPE）[二]合作开发了注册敏捷审计师（Certified Agile Auditor Professional，cAAP）认证，专门满足内部审计行业对关于如何在内部审计中实施敏捷思维的信息的需求。该认证课程的重点是敏捷原则的实际应用，包括 4 项敏捷审计价值观和 12 条敏捷审计原则，旨在将你的部门转变为能够以风险的速度进行审计的高绩效团队。课程的目标是提供一种多元解决方案，将内部审计与敏捷交付融合在一起，使你能够立即应用。

虽然获得认证并非进入敏捷审计领域的必要条件，但许多专业人士认为，获得其中一项基本认证可以确保他们拥有扎实的知识基础。在可选的认证中，内部审计师最常选择的是：

[一] 参见 cRiskAcademy 官网。

[二] 参见 Insight CPE 官网。

✧ 注册敏捷审计师认证

✧ SAFe 敏捷专家认证

✧ PMI 敏捷管理专业人士（PMI-ACP）® 认证

这三种认证都引入了敏捷概念，并教你掌握敏捷思维。注册敏捷审计师认证是唯一一个将敏捷思维与内部审计工作方法相结合的认证。

问题讨论

1. 你实施敏捷审计转型的动力是什么？

2. 传统审计流程给你带来了哪些挑战？

3. 其他利益相关方（如审计委员会、高级管理层、外部审计）对当前的审计流程有何看法？

4. 你认为敏捷审计转型能带来哪些改进？

5. 你对敏捷项目管理的熟悉程度如何？

6. 你完成了多少与敏捷审计相关的研究？

7. 你的团队对全面实施敏捷审计转型会有什么反应？对分阶段实施敏捷审计转型呢？

8. 利益相关方可能会提出哪些理由来反对你的敏捷审计转型计划？你将如何反驳他们的论点？

9. 你计划什么时候采用敏捷审计方法？

10. 你会选择分阶段实施还是全面实施敏捷审计转型？

11. 你计划为敏捷审计转型分配多少时间？

12. 你是否有理想的敏捷审计转型团队？你会委托谁来负责这项任务？

13. 你考察过敏捷审计转型顾问吗？

案例研究

Aqua Junk 公司的审计团队对全面推行敏捷审计试点感到非常兴奋。截至目前，为了使审计部门更深入地融入敏捷审计思维，他们一直在做出积极的改变。艾弗里召集整个团队回顾了迄今为止取得的进展，并讨论了试点计划。

会议开始时，艾弗里概述了团队在转型期间需要做的所有工作。他在会议室的演示中指出了以下要点：

1. 重构审计范围，使其基于风险而非实体。

2. 结合管理层、财务报表和竞争对手风险声明等新信息来源完成风险评估。

3. 纳入新兴风险。

4. 制订为期 12 周的审计计划，将其划分为每两周一次的冲刺阶段。

5. 组建新的跨职能团队。

6. 起草设定了预期的新业务约定书。

7. 与审计委员会开会讨论新审计计划。

8. 设计单页信息图表形式的新审计报告模板。

9. 更新审计管理软件以加快向审计委员会报告的速度。

10. 与管理层召开会议介绍团队将采用的新审计流程。

加比和艾弗里一起感谢团队在敏捷审计转型期间所付出的辛勤努力，并介绍了试点计划。"尽管我们已经测试过这些想法，"她说，"我们仍需要对完整的审计周期进行试点。因此，我们将执行一项小型的端到端试点审计工作。"

加比在屏幕上展示了两项风险。审计部门将分成两组，每组负责一项风险。每组将进行风险评估，识别控制，并为风险制订审计计划。然后，各组将在三次冲刺中对控制进行测试，每次冲刺为期一周。每次冲刺结束后，都要与管理层一起进行冲刺复盘。

"我已经与被审计方做好了安排，他们已经准备好迎接新方法，"加比解释说，"奥利弗和汤姆将领导试点项目，迈克担任敏捷教练。帕姆和她的团队将对试点进行观察和点评。我们将在四周后再次召开会议，但如果需要帮助，请随时联系艾弗里或者我。"

随后，团队开始着手进行试点。

　　试点完成后，团队更加兴奋。迈克和帕姆各自与团队进行了复盘，然后整个审计部门又聚在一起进行了更大范围的复盘。

　　艾弗里主持了整个审计部门的复盘会议。试点工作虽然取得了成功，但也并非十全十美。有时，两支团队试图在同一时段预约同一个人进行访谈。此外，所有具备数据分析技能的审计师都在奥利弗的团队中，这延缓了汤姆团队的测试进度。

　　艾弗里在屏幕上"待改进方面"的标题下输入了"团队间协调"和"跨职能团队"两点。接着，他引导大家讨论如何在下一轮审计中解决这两个问题。团队成员都同意了提出的改进建议，审计团队宣布试点完成。

| 第九章 |

敏捷确认计划

　　本章介绍了敏捷确认的概念及计划制订方式，强调审计部门需与其他治理职能协同工作，扩展敏捷确认范围以更好地覆盖组织风险。还提到了敏捷审计成熟度模型和技术的重要作用，为持续改进提供了方向，增强了风险管理能力。

　　在内部审计中采用敏捷思维是一项重大任务，但在某些方面，这只是迈向更大目标的第一步：敏捷确认。敏捷确认是一种基于风险的、迭代式的提供确认的方法，适用于内部审计、风险管理、IT 治理、合规职能，以及潜在的许多其他治理职能开展的确认工作。

成熟度模型

在引入其他确认职能之前，我们可以从更长远的角度来看待内部审计。敏捷思维的本质是持续迭代。考虑到这一点，我们必须为成长和成熟做好规划。与大多数流程改进一样，实施敏捷审计转型也要遵循成熟度曲线。我们可以定义三个不同的成熟度阶段：基础阶段、持续阶段和扩展阶段（见图 9-1）。

在基础阶段，我们主要侧重于转型为基于季度进行风险评估，以及按风险优先级进行审计。在持续阶段，我们鼓励跨职能培训，并在审计计划和现场审计中引入分析。在扩展阶段，我们开始将其他确认职能纳入敏捷路径。敏捷审计成熟度模型旨在为你提供指导，而不是规定特定顺序。例如，你可能已经在每次审计中实施了数据分析，但你可能仍在制订年度审计计划。因此在评估你当前在成熟度模型中的位置时，请谨记这一点。

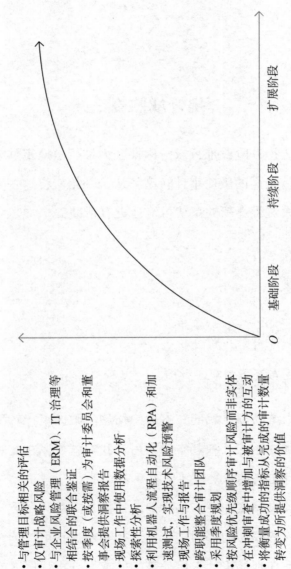

图 9-1 敏捷审计成熟度模型

- 与管理目标相关的评估
- 仅审计战略风险
- 与企业风险管理（ERM）、IT 治理等相结合的联合鉴证
- 按季度（或按需）为审计委员会和董事会提供洞察报告
- 现场工作中使用数据分析
- 探索性分析
- 利用机器人流程自动化（RPA）和加速测试，实现技术风险预警
- 现场工作与报告
- 跨职能整合审计团队
- 采用季度规划
- 按风险优先级顺序审计风险而非实体
- 在冲刺审查中增加与被审计方的互动
- 将衡量成功的指标从完成的审计数量转变为所提供洞察的价值

图 9-1 敏捷审计成熟度模型

提升成熟度

你可以选择分阶段推行或一次性全面推行敏捷审计方法。如果你选择进行全面的敏捷审计转型，从一开始就将这一变革视为涵盖以下五大流程革新的系统可能会更有帮助：

1. 季度计划。

2. 审计风险。

3. 敏捷执行。

4. 以冲刺复盘取代审计报告。

5. 每季度与高级管理层沟通。

这些重大革新都是我们在本书中描述的敏捷审计转型方法论的一部分。确立了这五项基本要素后，我们就可以在此基础上继续前进，达到更高的成熟度（见图9-2）。

在可持续成熟度水平上，我们的目标是通过应用技术将敏捷审计实践嵌入到我们的部门中。你选择实现这一可持续性水平的方式可能包括在现场审计中启动基础的数据分析程序，或者采用探索性的数据分析方法，正如之前讨论过的。我们通常会想到利用数据分析来测试总体而非抽样。数据分析帮助我们将数据重新组织起来以得出结论。抽样对于数据的假设分析是有用的，但数据分析能够提供实际误差率，突出趋势，确定需要进一步调查的领域。更高级的团队可能会采用机器人流程自动化（RPA）来处理重复性任务，或是建立在解决方案领域掌握了深厚的行业专业知识的跨职能团队。机器人流程自动化通过持续工作将重复性任务自动化，这样审计师就可以专注于更具动态性的审计工作，如访谈、测试和报告问题。

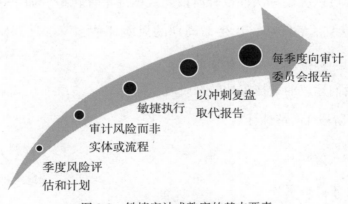

图 9-2　敏捷审计成熟度的基本要素

通过应用技术支撑敏捷审计流程，我们提高了测试效率并实现了部分敏捷审计流程的自动化，从而更高效地执行审计测试工作。

未来发展规划

目前你正在设计敏捷审计转型的定制化方案。你会决定哪些事项现在处理,哪些事项在转型的后期处理。此处,我们应用了一个敏捷的概念,即构建我们未来要改进的待办事项列表。请记录下这些事项。

你可以决定一次性或分阶段完成敏捷审计转型。如果选择分阶段转型,最好从审计生命周期的风险评估和审计计划阶段开始。当然,最终决定权在你的手中。

我们建议的敏捷审计转型阶段:

– 阶段 1:审计计划

✧ 风险评估

✧ 审计时间安排

✧ 制定待审计项目清单

– 阶段 2:审计执行

✧ 审计计划

◇ 审计范围界定

◇ 现场审计

◇ 站立会

◇ 复盘会

– 阶段 3：出具审计报告

◇ 审计报告

◇ 审计委员会报告

对于任一正从传统审计流程向敏捷审计流程转型的审计师来说，最重要的建议是：不要急于求成。请记住，这一变化对你的团队影响非常重大，团队成员会感到担忧，他们一路上需要得到鼓励。最明智的做法是请专业人士来领导这一转型。优秀的顾问将与你合作共同制订转型计划，然后指导你完成计划中的每一步。

敏捷审计转型所带来的优势值得为之付出努力。内部审计已经从简单的合规性审计发展到基于风险的审计，现在是我们再次成长的时候了。作为一个敏捷审计部门，我们可以有策略地审计对组织最重要的风险。

敏捷确认扩展

　　成熟度的第三阶段扩展了敏捷审计的范围。扩展后纳入了跨部门计划，将其他职能如企业风险管理（ERM）、SOX合规、IT治理、EHS（环境、健康、安全）等都统一在同一个目标下：支持管理层实现战略目标。在这一层面上，我们的流程可以统称为"敏捷确认"，因为我们的目标是引入其他确认职能，加强协作和依赖，并将所有确认职能与组织的战略目标联系起来。

　　当我们扩展到敏捷确认时，迄今为止讨论的所有概念仍然适用。近年来加强三道防线之间的协同已成为行业共同的话题。根据IIA标准2050的最新更新，我们应考虑将审计计划和审计委员会报告的工作结合起来，以"确保适当的覆盖范围并最大限度地减少重复工作"。审计团队有责任审查其他确认团队所做工作的质量，让他们对自己的工作负责，以便依赖他们的工作。

　　我们经常发现组织内部各确认团队之间存在职责重叠。内部审计、企业风险管理、内部控制（包括ICFR/SOX）以及许多其他团队都在朝着共同的目标努力，即向管理层提供确认和咨询服务，以支持管理层做出决策和化解风险。遗憾的是，这些团队往往各自为政，这加剧了管理层的"确认疲劳"。

加强内部合作有很多好处，其中一点就是确认职能部门在讨论风险、控制和问题时会采用一种通用语言，使用统一的术语。我们将看到收集和报告信息的效率得到提高，最终我们将体验到更有效的治理、风险与合规（GRC）监督。与其他内部确认团队建立相关的合作伙伴关系，自然可以避免管理层被信息和报告淹没，陷入"确认疲劳"。

根据我们的各个审计流程，我们应向审计委员会提供更多的风险信息。突出展示我们组织风险概况和现状的一种方式是使用风险覆盖图。在研究该主题时，普华永道一份题为《在国王三世时代实施联合确认方法》的报告是在联合确认环境下运用风险覆盖图的最佳范例之一。在这份报告中，作者列出了组织的主要风险议题以及三道防线中的各支团队，这些团队针对每项风险提供确认服务。

图 9-3 是普华永道展示的联合确认责任图，说明了联合确认方法。

流程确认评估

流程	三道防线确认提供方														
	一道防线 基于管理层的确认			二道防线 基于风险和法律的确认				三道防线 独立确认				
	控制自我评估	特别项目	管理审查	风险管理	健康与安全	SOX	合规	外部审计	内部审计	ISO认证	咨询工程师	特别项目
战略												
现金或财务与司库												
资金管理												
可持续发展												
增长或并购												
联盟												
运营												
财务												
IT												
资金												
人力资源												
供应链管理												
质量												
环境												
客户												
产品与服务												

图 9-3 联合确认责任图示例

如果我们使用的风险评估涵盖了组织内所有确认提供方识别的风险，并使用联合确认风险图来展示覆盖情况，我们将向管理层呈现更全面、更容易理解的组织风险概况。在构建基于风险的敏捷审计计划时，我们会以整个确认计划的数据输入来支持我们的决策。最终，风险覆盖图既可以作为责任图，也可以向管理层展示组织各方面的哪些风险最值得关注。为了简化这些团队的工作，提升所有相关人员的组织价值，我们应该考虑整合我们的确认工作，特别是在审计计划和董事会报告等领域进行协同。根据 IIA 标准的最新更新，我们有机会与确认合作伙伴齐心协力，"以确保适当的覆盖范围并最大限度地减少重复工作"（IIA 标准2050）。

虽然依赖其他部门所做工作的想法很有吸引力，但审计师不能依赖低质量的工作，我们通常会提出关于保持独立性的担忧。IIA 对这一主题有指导原则。在《内部审计对其他确认提供方的依赖实务指南》中，IIA 解释了评估其他内部确认提供方的客观性和胜任能力的必要性。我们可以认为这种评估与我们在质量确认与改进计划（QAIP）审查期间进行同行评审的方式大致相同。

为了确定内部确认提供方的胜任能力，首席审计执行官需要了解对方团队的人员构成，就像我们了解自己的内部审计团队一样。

我们必须评估以下几方面：

1. 教育背景

2. 专业经验

3. 专业认证

4. 政策与程序

5. 监督

6. 文档标准

7. 文档审查

8. 绩效评价

同样，首席审计执行官还应决定该团队能否客观地开展审计项目。由于这些团队通常不像内部审计部门那样独立，我们需要考虑以下几点：

1. 确认提供方在组织中向谁报告？

2. 执行的工作是否会受到管理层的影响？

3. 是否存在禁止确认提供方执行审计的因素？

就内部审计而言，我们始终保留不使用合作伙伴工作成果的权利，必要时我们可以重新测试或自行审计该领域。这样，我们就不会损害我们的独立性。最后，内部审计不向任何其他确认团队报告。

根据我们的敏捷审计流程，我们仍然可以向高级管理层按季度或按需提供审计结果。如果我们整合了其他确认提供方的系统，那么结果就会很全面。一些治理、风险与合规（GRC）软件或其他审计工具支持这种级别的协作。达到这种联合确认水平是一种愿望，因此这可能是，也可能不是你所在部门的目标。

评估审计成熟度

在考虑向敏捷审计转型时，最好先确定目标成熟度。在附录中，我们提供了一种评估工具，用于衡量当前状况。你可以使用提供的工具找出当前评估的起点。通过这一过程，你对转型原因及如何与利益相关方沟通的理解将会更加清晰。

技术赋能

在整个转型过程中，我们不断提及技术的使用。随着成熟度曲线的不断上升，技术的作用也在不断增强，直至成为部门不可或缺的一部分。对于敏捷审计与敏捷确认团队而言，技术可以分为三类。

通用工具

通用工具是指所有有时用于内部审计的通用工作的流程工具、测试工具、敏捷工具和协作工具。许多部门使用各种应用程序和共享网络来完成审计项目。主要的优点是低成本，但这些工具不适合长期使用，对于成熟度的提升更是不利。

特定功能工具

特定功能工具是为特定目的而构建的应用程序，如审计管理工具或 SOX 工具。即使是范围更广的治理、风险与合规（GRC）应用程序，通常也只专注于确认范围的某一特定方面以实现更深层次的功能，如风险评估，而在其他功能上则可能不尽如人意。

确认促进工具

每个组织都是独一无二的，没有完美的技术解决方案。最好的解决方案是能满足你的需求的那个。它可能是一种单一的技术，也可能是促进确认计划的多种应用程序的组合。在寻找技术解决方案时，考虑功能重叠的地方很重要。一般来说，重叠发生在风险评估、问题追踪和报告环节。通过共享风险评估，整个团队都能看到其他人在审计哪些风险。问题跟踪和报告环节还应汇总数据，以了解未化解风险的趋势。

技术趋势预测

技术永不止步，你的技术计划也应预见技术的发展。你今天选择的工具很可能在几年后就会落后。接纳技术就要接纳它的不断变化。随着团队的不断成熟，你的需求会发生变化，技术也会随之变化。

在团队经历成熟度模型各阶段的过程中，技术也需要不断革新。图 9-4 是在基础阶段、持续阶段和扩展阶段敏捷审计与敏捷确认可能需要的一些技术。

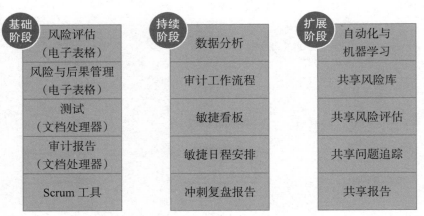

图 9-4　敏捷审计成熟度阶段及详细技术

问题讨论

1. 你是否盘点过部门内目前使用的技术和软件?

2. 为应对增长和成熟度的提升,你是否制定了正式的技术战略?

3. 你的团队是否接受过关于使用特定应用程序进行数据分析的培训?

4. 你如何描述当前内部审计、风险管理、合规和其他确认团队之间的关系?

案例研究

加比兴奋地与其他组织成员分享她的经验。多年来，内部审计和SOX合规总监每年举行两次会议，讨论各自的项目。由于他们配合密切，加比主动联系SOX合规总监，讨论创建一个整合的风险评估计划。

会议期间，双方分享了他们的风险评估工作和即将实施的计划。加比惊讶地发现，SOX合规部门已经按季度运作。SOX合规总监并不知道审计师正在对许多SOX应用程序进行访问审查，而他的团队也对这一控制进行了测试。

当加比解释她的团队实施的敏捷审计流程时，SOX合规总监恍然大悟。他一直在寻找一种方法来更新团队的测试流程，以遵循基于风险的方法。目前，他的团队每个季度都会审查所有流程的SOX控制。SOX风险评估是基于对十个关键应用程序的风险控制进行评价来组织开展的。看到加比的方法后，他决定在当前的风险评估中增加一些新的评分指标。他在更新风险评估后发现，一个应用程序被评为低风险，四个被评为中风险，五个被评为高风险，如表 9-1 所示。

表 9-1　敏捷 SOX 合规测试方法示例

应用程序	财务 重要性	流程 复杂性	控制负责 人能力	控制审查 人能力	系统 变更	历史 问题	确认 范围	总风险 得分
应用程序 2	高	高	中	高	低	低	低	高
应用程序 4	高	低	中	高	高	低	中	高
应用程序 7	高	高	中	高	高	低	低	高
应用程序 9	高	高	中	高	低	低	低	高
应用程序 10	高	高	低	高	高	高	中	高
应用程序 1	高	低	低	中	低	低	低	中
应用程序 3	中	高	中	低	低	高	中	中
应用程序 5	低	高	中	低	低	低	高	中
应用程序 8	中	中	中	低	低	低	中	中
应用程序 6	低	中	低	高	低	低	中	低

SOX 合规总监决定改变其团队的测试方法，按照风险优先级顺序进行测试。高风险应用程序的测试将继续保持当前的季度测试频率，中风险应用程序每年测试两次，而低风险应用程序每年测试一次。

测试计划随后从每季度测试十个应用程序变为根据测试范围内应用程序的风险优先级顺序进行测试。表 9-2 是测试计划的一个示例。⊖

⊖　此处仅作示例，原书与表 9-1 中风险得分不完全对应。——编者注

表 9-2　敏捷 SOX 合规测试季度计划示例

第一季度测试计划	第二季度测试计划	第三季度测试计划	第四季度测试计划
应用程序 2	应用程序 4	应用程序 7	应用程序 9
应用程序 1	应用程序 5	应用程序 10	应用程序 5
应用程序 3	应用程序 8	应用程序 1	应用程序 8
		应用程序 3	
		应用程序 6	

在采用敏捷方法进行 SOX 测试一个季度后，SOX 合规总监与加比会面，比较了测试记录并提供了最新计划。他解释说，敏捷方法的效果比预期的要好。采用新的工作方式并与控制负责人互动后，团队每季度面临的许多挑战都有所缓解。

团队在测试开始时经常发现意外情况。新的技术经常在没有考虑是否影响财务报告的情况下被引入组织的 IT 环境。在针对工厂环境的敏捷 SOX 合规审计项目中，审计范围从完整的应用程序清单开始。为了定期更新清单，审计团队开始向 SOX 控制负责人发送调查问卷，征求他们对新系统和计划升级的意见。这些系统现在按照风险等级排序，并通过每季度进行风险评估来更新这一排序。信息技术一般控制（ITGC）的一个常见问题是低估系统实施或升级的范围。每季度与管理层就即将发生的变化进行开放讨论，为揭示系统变更的范围，也为应用变更管理或系统开发生命周期（SDLC）控制提供了绝佳机会。

由于敏捷审计的关键在于首先审计风险最高的领域，因此花在低风险应用程序上的时间将降到最低。大量的测试只会让一些控制负责人疲惫不堪。敏捷审计方法可以对风险进行优先级排序，减轻了低风险应用程序控制负责人的压力。

此外，内部审计团队能够审查关键应用程序的运行状况，并将其从潜在的审计范围中移除。虽然 SOX 合规团队采用了一种不像内部审计那样多变的工作方式，但他们能够更好地调整计划并消除重复测试。SOX 合规团队能够将工作重点放在高风险领域，减少对公司无益的测试。最后，各团队承诺每季度进行一次更新，并在计划会议中进一步协调一致。

| 第十章 |

未来之路

千里之行，始于足下。本章鼓励读者采取行动迈向敏捷审计，强调迈出第一步的重要性，鼓励读者做到未雨绸缪，并定期评估敏捷审计带来的效益，确保长期成功。

　　现在是时候回答核心问题了："你准备好向敏捷审计转型了吗?"如果不确定，请花时间写出原因。这一练习将帮助你厘清顾虑。如果准备好了，那么就该迈出第一步了。

迈出第一步

　　将敏捷审计转型视为一个独立的项目。由于敏捷审计转型是一项庞大的工程，你应该全面管理该项目。在大型项目中，第一步是制订项目计划，列出项目目标、工作范围、时间表、沟通计划、利益相关方并进行项目风险评估。准备详细的项目计划将帮助您考虑到不同的场景，以便在遇到障碍时做好准备。有关敏捷审计转型项目计划的示例，请参阅附录。

未雨绸缪

不知从何时起，我们失去了从错误中吸取教训并继续前进的能力。敏捷审计转型可能是我们在内部审计中进行的一次最大的变革。这一变革将影响审计生命周期的每个阶段。有时你会感到不舒服，也会犯错误。只要我们能从中吸取教训，犯错误也没关系。敏捷审计转型指南中有应对错误的方案。在试点阶段结束时，你应该举行部门复盘会议。通过解决所有出现的问题，纠正所有错误，我们可以在团队内部营造一个开放和信任的环境。一起纠正错误可以让整个团队共同学习和成长。

效益评估

　　敏捷审计转型的最后一步是判断运用传统审计方法还是敏捷审计方法开展内部审计更能使组织获益。在第一章中，我们讨论了敏捷审计的五大优势：

　　1. 更符合管理层的预期。

　　2. 在审计过程中获得并分享更深入的洞察。

　　3. 在审计全生命周期中与被审计方增强互动。

　　4. 及时、按预算、高质量地完成审计计划。

　　5. 审计团队内部沟通得到改善。

　　根据培训、试点、被审计方和其他利益相关方的反馈以及试点复盘期间的讨论，敏捷审计方法能否为组织带来更大的效益，只有你能做出判断。

第十一章

遵循 IIA 标准

本章探讨了敏捷审计转型对于遵循 IIA 标准的影响，重点分析了独立性和绩效标准方面的影响，指出敏捷审计不仅能够提升效率，还能增强对 IIA 标准的遵循程度，确保实践的专业性和合规性，从而提高审计工作的质量和可信度。

IIA 标准

198

　　对于考虑向敏捷审计转型的内部审计部门领导者而言，一个常见的问题是如何遵循国际内部审计师协会的标准（IIA 标准）。IIA 标准是全球各行业内部审计师使用的一套通用的标准。

IIA 标准

IIA 标准分为两大类：属性标准和绩效标准。属性标准涉及组织内的审计部门和职能，而绩效标准则适用于完成审计工作。属性标准不会受到敏捷审计转型的影响，但许多审计领导者仍会询问独立性受损的问题。标准 1100"独立性和客观性"指出："内部审计活动必须保持独立，内部审计师在执行其工作时必须保持客观。"对内部审计独立性的质疑主要来自两处：让被审计方参与每日站立会时，以及与其他内部治理、风险与合规团队合作提供联合确认时。

独立性拷问

作为审计师，我们要表现出客观性和独立性，但并非每个人都能准确描述这意味着什么。为什么这如此难以界定呢？可能是因为我们过于信任同事。作为内部审计师，我们是独立的，但仍然是组织的一部分。我们一起乘坐电梯、共进午餐，还一起在社区做志愿者。我们一起工作的事实可能会影响我们的客观性。当我们决定让被审计方参加每日站立会时，他们会更加了解我们每天所做的工作，也会更深入地了解团队的内部运作及其执行的测试。让他们了解这些信息并不意味着损害独立性。只有我们允许内部审计部门以外的人员影响我们的判断或决策时，我们的独立性才会受损。如果受邀参加每日站立会或其他任何会议的个人表现出这种行为，我们就需要将其排除在会议之外。

另一种情况则更为复杂。绩效标准 2050 涉及内部和外部协调。协调问题是一个可预见的渐进过程，从简单地共享我们的计划到依赖他人的工作。在共享计划时，我们与其他审计团队合作，以避免在同一时间同一地点进行重复测试。在成熟度曲线的另一端，我们直接与其他团队合作，依赖他们所做的与我们一样出色的工作，从而使我们无须对他们已经审计过的领域进行审计。IIA 在对该标准的解释中提及："应建立一个可靠的依赖基础流程，首席审计执行官应该考虑确认和咨询服务提供者的胜任能力、客观性和应有的职业谨慎。"为了使依赖性发挥作用，我们必须确保其他确认团队的工作与我们自己的工作处于相同的标准之下。他们仍然不能影响我们的计划或决策过程，因此我们保持了独立性。

理解绩效标准

在表 11-1 中，我们将探讨受敏捷审计转型影响的绩效标准。

这些标准中的大多数会因敏捷审计转型而得到增强，而有几项则不受影响。

表 11-1　国际内部审计师协会绩效标准与敏捷审计影响的对应关系

绩效标准	释义	敏捷审计的影响
2000 管理内部审计活动	首席审计执行官必须有效管理内部审计活动，确保为组织增值	通过将工作重心放在影响组织的最紧迫风险上，并实时向董事会提供洞察，首席审计执行官的价值得到提升
2010 计划	首席审计执行官必须制订基于风险的审计计划，以确定内部审计活动的重点与组织目标相匹配	审计计划唯一真正的变化是频率。通过将频率提高到每季度一次，我们缩短了审计计划周期，更好地满足了管理层的预期
2020 沟通与批准	首席审计执行官必须将内部审计计划和资源需求（包括重大的临时变化）报高级管理层和董事会审批，同时必须说明资源限制的影响	由于敏捷审计转型对内部审计部门而言是一个重大转变，它将影响审计的执行方式以及内部审计部门与组织利益相关方的互动方式，因此必须与审计委员会进行讨论。请注意，这应该在转型讨论的早期完成，因为他们有可能会认为敏捷审计不能为组织带来最佳利益。如果不能获得批准，则不应继续推进
2030 资源管理	首席审计执行官必须确保内部审计资源适当、充分并得到有效配置，足以完成经批准的审计计划	在设计敏捷审计团队时，你可能会发现需要重新平衡技能组合。例如，如果你计划每个团队都配备一名数据分析专家，这可能意味着你需要招聘或培训具备该技能的员工
2040 政策与程序	首席审计执行官必须制定指导内部审计活动的政策和程序	许多部门都有一本审计手册，用于解释团队的政策和程序。在敏捷审计转型的过程中，如果手册缺失，则应进行更新或创建

（续）

绩效标准	释义	敏捷审计的影响
2050 协同	首席审计执行官应与其他内部和外部确认和咨询服务提供方共享信息、相互协调，并考虑利用他们的工作成果，以确保适当的覆盖范围，并尽可能减少重复工作	通过与其他确认职能部门更紧密地合作，根据风险优先级安排审计，我们可以实现更高层次的协同。在所有确认职能部门中应用敏捷思维模式，可以消除流程和控制负责人对时间和资料的多余要求。内部审计师可以与 GRC 等其他团队紧密合作，在应对组织最紧迫风险时寻找相互依赖的机会
2060 向高级管理层和董事会报告	首席审计执行官必须定期向高级管理层和董事会报告内部审计活动的宗旨、权力、职责、根据计划开展工作的情况以及对《职业道德规范》和《标准》的遵循情况。报告中还必须包括重大风险和控制事项，其中包括舞弊风险、治理问题以及其他需要高级管理层和/或董事会关注的事项	敏捷审计报告的目标是达到近乎实时报告或按需报告的水平。虽然审计结果肯定会在正式的审计委员会会议上展示，但应预期随时可以获取已汇总的审计结果
2070 外部服务提供方与组织对内部审计的责任	当内部审计活动外包给外部服务提供方时，外部服务提供方必须使组织意识到，维持有效的内部审计活动是组织的责任	如果内部审计职能已外包，外部服务提供方应与组织共同判断敏捷方法还是传统方法能为高级管理层提供所需的结果

（续）

绩效标准	释义	敏捷审计的影响
2100 工作性质	内部审计活动必须基于风险并运用系统的、规范的方法，评价并改善风险管理、控制和治理过程的效果。当内部审计师积极主动开展工作，提出新见解并考虑到未来影响时，内部审计活动的可信度和价值就能得到提升	在敏捷环境下，审计工作的性质可以说更符合这一标准背后的真正含义。敏捷审计方法侧重于高度重复的基于风险的方法，重点关注高优先级风险和新兴风险
2110 治理	内部审计活动必须评价并提出适当的改进建议，以改善组织实现下列目标的治理过程： 　做出战略决策和运营决策； 　监督风险管理和控制； 　在组织内部推广适当的道德和价值观； 　确保组织开展有效的绩效管理和问责机制； 　向组织内部相关方通报风险和控制信息； 　协调董事会、外部审计师、内部审计师、其他确认服务提供方和管理层之间的工作和信息沟通	敏捷审计方法背后的战略与组织的战略计划直接相关。审计师评估并确定影响组织战略目标实现的最高优先级风险，并及时将结果报告高级管理层

（续）

绩效标准	释义	敏捷审计的影响
2120 风险管理	内部审计活动必须评估风险管理过程的有效性并促使风险管理过程得到改进	当敏捷审计团队进行风险评估时，应将评估结果与最近一次风险管理团队以风险视角得出的评估结果进行比较。两个团队在评估中很可能采用不同的方法和衡量标准，这在意料之中，因为评估的目的大相径庭。如果结果有显著差异，审计团队需要评估风险管理团队结果的一致性，并对风险管理团队的方法提出质疑
2130 控制	内部审计活动必须通过评估控制的有效性和效率，促进其持续改进，协助组织维持有效的控制	在敏捷方法中，审计范围覆盖具体风险及基本控制措施。这样，审计团队就能就组织控制的有效性和效率向组织提供反馈
2200 业务计划	内部审计师开展每项业务都必须制订书面计划，其内容包括业务目标、范围、时间安排以及资源分配等。制订的计划必须考虑和业务有关的组织战略、目标和风险	敏捷审计需要针对每项业务制订具体而详细的计划。由于敏捷审计的性质要求团队识别具体的控制措施，因此业务内容也将十分详细。审计的时间安排和资源分配将根据业务约定确定，并由敏捷教练来制定

（续）

绩效标准	释义	敏捷审计的影响
2201 业务计划考虑 因素	制订业务计划时，内部审计师必须考虑到： 被检查活动的战略、目标及控制其实施的方式； 被检查活动的目标、资源和运营等方面存在的重大风险以及将风险的潜在影响控制在可接受水平的方式； 与相关框架或模式相比，被检查活动的治理、风险管理和控制过程的适当性和有效性； 对被检查活动的治理、风险管理和控制过程做出重大改进的可能性	在计划时考虑标准中列出的项目均属于敏捷教练的职责范围。这些要求将在每次制订业务计划的过程中得到满足
2210 业务目标	必须为每项业务设定目标	每次审计的目标都将基于项目范围内风险
2220 业务范围	确定的业务范围必须足以实现业务目标	业务范围始终是按优先级排列的风险清单
2230 业务资源分配	内部审计师必须根据对每项业务的性质、复杂程度、时间限制以及可获取资源的评估，确定实现业务目标所需要的适当的、充分的资源	资源分配基于测试与范围内风险相关的控制所需的技能。由于敏捷审计的一个目标是保持一支凝聚力强、多才多艺的团队，我们应该为完成审计工作的更常见需求做好准备。敏捷教练负责确保项目按计划进行
2240 业务工作计划	内部审计师必须制订并记录能实现业务目标的工作计划	工作计划将围绕解决项目范围内的风险而制订

（续）

绩效标准	释义	敏捷审计的影响
2300 业务实施	内部审计师必须识别、分析、评估并记录充分的信息，从而实现业务目标	敏捷审计团队中的文档标准不变
2310 识别信息	内部审计师必须识别充分、可靠、相关且有用的信息，从而实现业务目标	敏捷审计团队中的文档标准不变
2320 分析与评估	内部审计师必须基于适当的分析和评估，得出结论和业务结果	敏捷审计团队中的文档标准不变
2330 记录信息	内部审计师必须记录充分、可靠、相关且有用的信息，以支持业务结果和结论	敏捷审计团队中的文档标准不变
2340 业务督导	必须对业务进行适当督导，以确保实现目标、保证质量并培养员工	敏捷审计通常比传统审计项目包含更多的监督。敏捷教练的加入使监督责任由两个角色承担。敏捷教练负责确保项目按进度进行，而审计负责人或审计经理负责工作的质量和员工发展
2400 沟通结果	内部审计师必须传达业务的结果	沟通是敏捷审计的核心。敏捷审计团队在每日站立会上互相沟通，被审计方受邀参加每日站立会，每一两周举行冲刺复盘会议，审计结果比传统审计部门（通常季度末才公布结果）更快地提供给审计委员会
2410 沟通标准	沟通内容必须包括业务目标、范围和结果	应组织冲刺结果会议，包括审计的目标、范围、结果，甚至强调审计过程中的成功之处

（续）

绩效标准	释义	敏捷审计的影响
2420 沟通质量	沟通必须准确、客观、清晰、简洁、富有建设性、完整和及时	沟通质量的标准不变
2421 错误与遗漏	如果最终沟通中存在重大错误或遗漏，首席审计执行官必须将更正的信息传达给原始信息接收方	错误与遗漏的标准不变
2430 对"遵循《标准》"的应用	只有得到质量保证与改进结果的支持，在业务报告中声明"内部审计活动遵循了《国际内部审计专业实务框架》"才是适当的	遵循《国际内部审计专业实务框架》不变。敏捷教练应确保团队遵循这些标准并保持正确方向
2431 对未遵循情况的披露	当未遵循《职业道德规范》或《标准》的情况影响到某一特定业务时，在结果沟通中必须披露： 未能完全遵循的《职业道德规范》或《标准》所规定的原则、行为规则； 未遵循的原因； 未遵循这一事实对于该业务及已沟通结果的影响	遵循《国际内部审计专业实务框架》不变。敏捷教练应确保团队遵循这些标准并保持正确方向
2440 通报结果	首席审计执行官必须向适当对象通报结果	首席审计执行官负责部门外的沟通。审计结果将汇总给审计委员会，但也可能与其他确认团队、法务部门、外部机构或监管机构共享

（续）

绩效标准	释义	敏捷审计的影响
2450 总体意见	在发表总体意见时，必须考虑到组织的战略、目标和风险，以及高级管理层、董事会及其他利益相关方的预期，总体意见的发表必须要有充分、可靠、相关且有用的信息支持	发布总体意见是可选项，应由首席审计执行官决定，并参考审计委员会的意见
2500 监督进展	首席审计执行官必须制定并维护一个机制，监督已通报结果的处理情况	审计中发现的问题可以在冲刺评审后转入解决方案跟踪系统
2600 沟通风险接受情况	当首席审计执行官认为高级管理层接受的风险水平可能无法被组织接受时，必须就此事与高级管理层进行讨论。如果首席审计执行官确定该问题未得到解决，必须与董事会进行沟通	虽然有关接受风险的标准没有变化，但敏捷方法通常会关注组织面临的最高优先级风险。因此，风险应降低到可接受水平

审计成熟度评估

　　请根据你的回答来确定部门的总体成熟度。接下来，在评估关键点的过程中，将回答转为构建转型计划的讨论。记住，答案没有对错之分。你的回答是为你所在的部门制订有效的转型计划的第一步。

问题 1： 从以下选项中选择最能描述你探索敏捷审计的原因。

　　　　A. 组织正在采用敏捷流程作为标准方法

　　　　B. 审计委员会正在推动建立更快响应的基于风险的计划

　　　　C. 审计部门只是在探索成功范例

　　　　D. 审计部门正在寻求更有效的审计方法

问题 2： 以下哪种说法最恰当地描述了你们的审计范围？

　　　　A. 我们的审计范围包含整个组织的部门或运营地点

　　　　B. 我们的审计范围是我们过去完成的审计清单

　　　　C. 我们的审计范围以流程为基础，可能跨越部门界限

　　　　D. 我们的审计范围是对组织至关重要的风险组成的风险清单

问题 3: 你们多久进行一次风险评估?

  A. 我们只进行年度风险评估

  B. 我们每年进行一次风险评估,并在年内略做更新

  C. 我们每六个月进行一次风险评估

  D. 我们至少每季度进行一次风险评估

问题 4: 我们应该多久更新一次风险评估?

  A. 从不

  B. 每两年

  C. 每年

  D. 至少每季度

问题 5: 下一次风险评估将包括以下哪些信息来源? 可多选。

  A. 以前审计中所获得的信息

  B. 高级管理层的意见

  C. 财务报表的信息

  D. 新兴风险的信息

问题 6: 你所在部门分析性程序的成熟度如何?

  A. 我们的分析性程序还很新

  B. 只有少数团队成员精通分析性程序

  C. 我们在大多数审计中使用分析性程序

  D. 我们在每次审计中都使用分析性程序

问题 7: 敏捷审计需要持续多久？如有需要，请参考敏捷审计原则。

    A. 直到每个人都对审计报告满意为止

    B. 直到流程经过全面测试

    C. 尽可能短

    D. 直到我们对正在审计的风险有了深入了解

问题 8: 在分配审计任务时应采取什么方法？

    A. 像上次审计那样分配工作

    B. 根据技能分配工作

    C. 根据关系分配工作

    D. 根据风险优先级分配工作

问题 9: 你对被审计方参加每日站立会的频率设定的目标是什么？

    A. 仅在审计结束时

    B. 每两周一次

    C. 每周一次

    D. 如果他们愿意，每天都可以

问题 10: 你认为什么方式最有助于与被审计方统一预期？

    A. 发送电子邮件

    B. 发送传统的审计业务约定书

    C. 发送审计业务约定书并致电被审计方

    D. 在审计业务约定书中正式设定与要求相关的预期

问题 11: 你将如何向被审计方传达审计问题?

        A. 发送电子邮件

        B. 发布审计报告

        C. 进行每周电话会议

        D. 举行每周复盘会议

问题 12: 你将如何跟踪审计进度?

        A. 使用由审计经理选择的方式跟踪

        B. 在 Excel 中创建图表

        C. 使用审计管理软件或 GRC 软件

        D. 在现有软件基础上补充敏捷工具

问题 13: 你将如何与内部利益相关方互动?

        A. 根据需要联系其他人

        B. 建立非正式关系

        C. 举行年度确认会议

        D. 通过季度会议建立正式关系

审计成熟度评价反馈答案

表 A-1 是敏捷审计成熟度评分标准,哪一栏的总分最高? 哪一栏第二高? 你是否同意该成熟度评级? 为什么?

表 A-1　敏捷审计成熟度评分标准

问题	专家（4）	高级（3）	中级（2）	新手（1）
问题 1	D	C	B	A
问题 2	D	C	B	A
问题 3	D	C	B	A
问题 4	D	C	B	A
问题 5	D	C	B	A
问题 6	D	C	B	A
问题 7	D	C	B	A
问题 8	D	C	B	A
问题 9	D	C	B	A
问题 10	D	C	B	A
问题 11	D	C	B	A
问题 12	D	C	B	A
问题 13	D	C	B	A
总计	__/13	__/13	__/13	__/13

敏捷成熟度计划

在成熟度评估中，我们提出了一些问题，帮助你思考从传统审计向敏捷审计转型的原因，并评估你所在部门的审计成熟度水平。

请在下面复制你对每个问题的回答，以制订你专属的转型计划。

致内部审计利益相关方：

审计部门正从传统审计方法转向敏捷审计方法，因为＿＿＿＿＿＿
＿＿＿＿＿＿（对问题1的回答）。在当前的审计过程中，＿＿＿＿＿＿

_____（对问题 2 的回答）。_____（对问题 3 的回答），我们承诺更新风险评估_____（对问题 4 的回答）。

在下一次风险评估中，我们将纳入_____（对问题 5 的回答）。

在我们的测试中，我们目前_____（对问题 6 的回答），我们将努力增强分析性程序使用的连贯性，以确保足够的测试覆盖面。同时，我们也将寻找机会将探索性分析融入审计计划流程。

在制订审计计划时，我们会将审计计划时间持续到_____

_____（对问题 7 的回答）。我们承认应基于风险完成审计，因此我们将_____（对问题 8 的回答）。为使审计工作按计划进行，我们将每天召开会议，与被审计方一起讨论审计工作遇到的障碍_____（对问题 9 的回答）。

由于我们无法承受审计工作的延误，我们将尝试通过_____

_____（对问题 10 的回答）来预防延误。对沟通的预期将包括_____（对问题 11 的回答）。

审计项目必须按计划进行。为确保这一点，我们将通过_____

_____（对问题 12 的回答）来跟踪进度。随着工作的推进，我们也希望与其他内部确认提供方合作。我们将（对问题 13 的回答）_____，这样我们可以就全组织范围内的风险测

213

试覆盖面达成一致，并协调我们的工作。

感谢您对我们进行这一关键转型的支持。如果您在此过程中有任何问题或疑虑，请随时与我们联系。

致内部审计利益相关方：

审计部门正从传统审计方法转向敏捷审计方法，因为我们正在寻求更有效的审计方法。在当前的审计过程中，我们的审计范围列出了对组织至关重要的风险，我们承诺至少每季度更新一次风险评估。

在下一次风险评估中，我们将纳入以往审计获得的信息、高级管理层的意见、财务报表的信息以及新兴风险的信息。

在我们的测试中，目前大多数审计中都使用了分析性程序，我们将努力增加分析性程序使用的连贯性，以确保足够的测试覆盖面。同时，我们也将寻找机会将探索性分析融入审计计划流程。

在制订审计计划时，我们会将审计计划持续到我们深入了解所审计的风险为止。我们承认应基于风险完成审计，因此我们将根据风险优先级分配工作。为使审计工作按计划进行，我们将每天召开会议，与被审计方一起讨论审计工作遇到的障碍，如果他们愿意，每天都可以。

由于我们无法忍受审计工作的延误，我们将通过在审计业务约定书中正式设定与要求相关的预期来预防延误。对沟通的预期将包括每周举行一次复盘会议。

审计项目必须按计划进行。为确保这一点，我们将通过当前的审计管理工具来跟踪进度。随着工作的推进，我们也希望与其他内部确认提供方合作。我们将举行年度确认会议，并计划在未来通过季度会议建立正式关系，这样我们可以就全组织范围内的风险测试覆盖面达成一致，并协调我们的工作。

感谢您对我们进行这一关键转型的支持。如果您在此过程中有任何问题或疑虑，请随时与我们联系。

诚挚的

加比，首席审计执行官

敏捷转型项目计划示例

Aqua Junk, Inc

图 A-1　敏捷审计转型项目计划示例

内部审计部门

修订历史

文档版本号	文档修订日期	编写人	修订摘要 （参考章节已更改）
V1.0	xx/xx/xxxx		

文档审批人

姓名及职务	签名	日期

项目概述

内部审计部门正在从传统的审计计划、现场审计及出具审计报告的审计方式转变为敏捷审计工作模式。项目将涵盖培训、指导，并最终向敏捷审计全面转型。

目的、范围和目标

变革的目的是使内部审计更好地与高级管理层的目标保持一致，优先处理组织中最紧迫的风险，并向高级管理层及董事会提供洞察。

我们决定对审计职能的所有阶段进行转型，包括：

1. 风险评估
2. 审计计划
3. 审计现场工作
4. 审计报告
5. 问题整改
6. 审计委员会报告

服务描述

敏捷审计是一种以客户为中心的审计开发和执行方法，基于从风险评估到审计报告的较短的审计生命周期，其重点是获得并与管理层分享与组织中最紧迫风险相关的洞察。

成功因素

有几个关键的成功因素将影响敏捷审计的成功转型。这些因素必须得到所有项目团队成员的充分重视。关键的成功因素可以细分为：

1. 理解优先级
2. 与高层领导目标保持一致
3. 接受敏捷思维
4. 致力于长期变革
5. 项目假设
6. 计划与分析

项目团队的所有资源将在项目的适当时间确定、分配和提供。执行发起人将及时向项目团队通报任何可能影响本项目的公司举措，以便及时采取适当行动并做出决策，最大限度地减少对本项目成本和进度的影响。

流程准备

当前的流程已记录在案，可以随时与前来协助转型的顾问共享。

管理委员会

管理委员会将参加与项目经理和团队领导召开的每周状态会议。

软件需求

目前预计该项目不需要新软件。

沟通

首席审计执行官和审计委员会主席将就项目进展情况进行沟通。在审计开始前，将以审计业务通知书的形式与被审计方进行沟通。审计团队每周将进行面对面的沟通。

培训

外部敏捷审计领域专家（SME）将制订培训计划，并向审计团队提供培训。

敏捷审计试点

先按阶段（即审计计划、现场审计、出具审计报告）对这些概念进行试点，然后进行整个审计流程的试点。

敏捷转型准备

将根据试点结果确定转型准备情况。

敏捷转型启动

最终的转型将基于全面的审计试点结果和审计委员会的批准。

项目风险

风险是指任何可能对项目的技术、成本或进度产生不利影响的担忧或不确定性。虽然所有项目都存在风险，但风险管理可以最大限度地减少潜在的负面影响，可以适当承担创新相关的风险。

风险管理适用于识别、分析和化解风险的全过程。

我们将采用以下步骤量化风险因素，并酌情记录结果：

1. 估计或计算每种风险的影响和发生的可能性。

2. 确定风险的优先次序。

3. 确定风险化解计划。

4. 识别并管理因采取纠正措施而产生的新风险。

风险识别

持续监控关键项目风险，并根据需要在指导委员会月度会议上进行讨论。在整个项目生命周期内定期进行风险识别。识别的风险包括内部风险和外部风险。

所有团队成员都有责任识别项目风险并将其传达给项目经理。项目经理负责记录风险并制定化解策略。已识别的风险应在项目状态会议上进行审核。项目经理负责确保采取适当的措施。如果风险不再存在，项目经理将删除该风险。

表 A-2 为初步识别的风险示例。

表 A-2　敏捷审计转型风险评估示例

风险	可能性	影响	预案
时间表不准确	高	高	管理委员会每周监督
成本预测不准确	中	中	管理委员会每周监督
缺乏变革管理流程（过快或过慢）	中	中	根据我们的特定需求制定了时间表
缺乏变革控制委员会	低	中	已建立管理委员会
利益相关方的预期不准确	高	中	向利益相关方宣传解决方案
缺少培训	高	高	由专家提供培训
培训不充分	高	高	在试点阶段之前对培训进行评估
审计经理缺乏承诺	中	高	向审计经理详细演示敏捷审计，介绍解决方案
内部专业知识不足	中	高	已聘请外部专家培训内部资源
新流程失败，需要复盘	低	高	已制订复盘计划，以尽量减少中断

高级日程表（可能有变动）

图 A-2 为敏捷审计转型计划时间表示例。

图 A-2　敏捷审计转型计划时间表

项目组织架构

表 A-3 是参与该项目的组织。

表 A-3　敏捷审计转型计划的角色

公司	团队	角色
Aqua Junk 公司	内部审计部门	审计项目主要参与者
	被审计方	被审计方的流程主体
	项目管理团队	项目管理、业务分析、沟通
	审计委员会	监督和批准审计职能的变更
咨询公司	专业服务团队	敏捷审计领域专家

项目角色和职责

表 A-4 为敏捷审计转型项目的项目角色及其职责。

表 A-4　敏捷审计转型项目的项目角色及其职责

角色	职责
执行项目发起人	负责确定项目的目标 / 战略方向 / 愿景；破解僵局；批准工作计划、项目管理、开支和范围变更
业务项目发起人	负责整体实施；就预算、时间表和总体范围有关的问题与实施团队联系
项目经理	管理项目的日常活动；每周更新项目的详细计划和预算；管理项目范围、变更控制、问题和验收流程；负责项目管理的整体实施和执行
顾问	根据经验制定转型议程。负责与转型相关的所有培训和指导

沟通计划

表 A-5 列出了定期报告。

表 A-5　敏捷审计转型报告计划

报告类型、报告频率、报告人	报告对象	报告目的
项目状态报告、每周、项目经理	审计团队全体成员	将关键信息传达给所有团队成员，确保他们知晓并避免重复工作。包括本阶段已完成工作总结、下阶段工作计划和重要问题
执行情况报告、每月、项目经理	管理委员会全体成员	传达有关总体计划状况与目标和战略方向的关键信息。包括进度概要、已完成的工作、预算与计划的对比，以及原始范围、预算或计划的任何变更

其他重要的沟通机制如表 A-6 所示。

表 A-6　管理委员会的敏捷审计转型沟通计划

沟通项目	报告人	沟通对象	描述
变更请求	任何团队成员	管理委员会	请求对范围、预算或进度进行变更
问题	任何团队成员	管理委员会	未在本计划中明确列出，但需要一些调查和努力的事项
风险	任何团队成员	管理委员会	可能危及整个项目（成本、范围、质量）的事项。在识别每项风险后，指定的调查人员将制定风险发生时的化解策略

问题解决流程

当发现问题、风险或发出变更请求（范围或进度）时，可以采取如表 A-7 所示的步骤。

表 A-7　敏捷审计转型问题解决计划

任务	执行人
识别并记录问题	任何团队成员
为问题拟定解决方案，并分配优先级和主要责任人	项目经理
报告问题解决进展	项目经理
监测和控制进展	管理委员会
报告建议的解决方案	项目经理 / 实施团队
批准或拒绝建议的解决方案	首席审计执行官和审计委员会主席

试点计划

试点计划如表 A-8 所示。

表 A-8　敏捷审计转型试点计划

任务	执行人
阶段试点	团队待定
解决的问题及变更处理	项目经理
全面试点	团队待定
流程变化	项目经理

审批计划

审批计划如表 A-9 所示。

表 A-9　敏捷审计转型审批方案

任务	执行人
批准 / 否决建议	首席审计执行官
最终批准 / 否决	审计委员会

回溯应急计划

如果未获批准，审计团队将重新采用传统的工作方式，同时学习此次经历中任何适用的最佳实践。

培训计划

表 A-10 概述了本项目的培训计划。培训将由第三方敏捷审计专家开发并提供。

表 A-10　敏捷审计转型培训计划

培训参与者	培训对象	培训形式
敏捷方法概述	内部审计团队	现场、面对面
敏捷教练培训	选定的敏捷教练	现场、面对面
敏捷审计现场工作培训	内部审计团队	现场、面对面
敏捷审计报告培训	内部审计团队	现场、面对面

| 术语表 |

敏捷

敏捷是一种迭代的项目管理和软件开发方法，帮助团队更快地向客户交付价值，无须在客户需求可能已改变的长期项目中做出承诺。敏捷团队更频繁地以小增量的方式交付工作。敏捷的主要目标是在快速响应变化的同时交付价值。

敏捷审计

敏捷审计是以客户为中心的计划和实施审计项目的方法，它聚焦组织最重要的风险，用更短的审计生命周期（从风险评估到审计报告）获取并与管理层分享风险洞察。

敏捷审计原则

为了让敏捷审计价值观更具体，我们还制定了敏捷审计原则。以下是我们将遵循的 12 条敏捷审计原则。这些原则保持了初始原则的精神，每一条原则对于敏捷审计部门都至关重要。

1. 我们的首要任务是通过审计关键风险和新兴风险来支持管理层实现目标。

2. 即使在执行审计计划期间，也要拥抱不断变化的需求。为了组织利益最大化，敏捷审计接受变化。

3. 定期提供审计洞察，在审计过程中提供实时结果，至少每季度向审计委员会报告，报告的时间周期越短越好。

4. 在整个审计项目中，业务经理和审计师必须每天协同工作。

5. 以积极主动的审计师为中心构建审计团队。为他们提供必要的环境和支持，并相信他们能完成任务。

6. 面对面交谈是向管理层和审计团队传递信息最有效的方式。

7. 敏捷审计成功的最终衡量标准是向高层领导提供风险和控制环境的洞察。

8. 敏捷审计有助于及时了解运营风险。三道防线之间应保持开放沟通并共享结果。

9. 持续关注技术技能和行为技能可以提升审计项目的敏捷性。

10. 简化，即在不扩大审计范围的情况下了解风险和控制环境，至关重要。

11. 最佳的风险评估、审计项目和审计洞察来自能够自我管理的审计团队。

12. 审计团队定期反思如何更有效地工作，并进行相应
    的培训和流程优化。

敏捷审计价值观

敏捷审计价值观源自《敏捷宣言》。

利益相关方互动高于刻板和政治。在任何组织中，刻板地遵守沟通时间表和内部政治规矩，限制了内部审计向依赖审计工作的管理层和利益相关方传递信息。通过更重视与利益相关方的互动，我们向利益相关方传递更多信息。

提供洞察高于正式报告。内部审计提供了对组织风险敞口的深刻洞察。遗憾的是，当被审计方与审计管理层就审计报告的措辞争论不休时，这些信息往往就被冲淡或忽视了。当我们专注于提供洞察时，信息的实质就重于形式。

管理协同高于问题博弈。在大多数审计过程中，控制的薄弱环节会暴露出来。我们不应把时间浪费在问题博弈上，而应通过与管理层的团队协作来更好地为组织服务。内部审计的优势在于我们知道应该让哪些人参与跨部门的整改行动。

风险响应高于实体覆盖。内部审计的目标是为组织提供风险洞察。要实现这一目标，审计范围、风险评估和审计计划必须基于风险，而非实体。

《敏捷宣言》

《敏捷宣言》于 2001 年由软件开发者起草，旨在为客户提供更多价值。宣言内容如下：

我们一直在实践中探寻更好的软件开发方法，在身体力行的同时帮助他人。由此我们确立了以下价值观：

1. 个体和互动高于流程和工具。

2. 工作软件高于详尽的文档。

3. 客户合作高于合同谈判。

4. 响应变化高于遵循计划。

也就是说，虽然上述价值观右侧的工作有一定的价值，但我们更重视左侧工作的价值。

确认

确认是组织内 GRC 职能的总称。确认团队通过评估、测试和报告，向高级管理层和董事会保证业务运营按预期进行。另请参阅"联合确认"。

审计项目

审计项目是对个人或流程的评估。内部审计活动对组织的控制流程进行评估，以降低无法实现组织既定目标的风险。审计计划中列出的每项审计项目都应包括一个定义明确的狭窄范围，描述审计团队将审计的风险。审计项目相当于敏捷术语中的"故事"。敏捷术语中"故事"的重点在于传达预期结果，因此，审计项目应侧重于与高级管理层分享洞察。

审计委员会

审计委员会是董事会的下设机构，负责监督内部审计、外部审计和财务报告。首席审计执行官直接向审计委员会报告，而不是向公司管理层报告，这确保了内部审计部门的独立性。

审计委员会报告

审计委员会报告是一种定期报告，通常每季度一次，报告内容包括内部审计部门的最新状况、即将实施的审计计划以及近期审计中发现的风险敞口。敏捷审计旨在将向审计委员会提供最新信息的频率提高到接近实时的水平。

审计负责人（敏捷教练）

审计负责人在审计过程中扮演着至关重要的角色。在审计过程中，审计负责人组织审计团队处理审计范围内的风险，主持每日站立会，推动对审计结果的中期复盘和最终复盘，并向审计计划负责人汇报工作。在敏捷审计环境中，审计负责人承担以下几项关键职责：

1. 作为敏捷审计团队的服务型领导和发言人。

2. 按照敏捷审计的价值观、原则和成功范例指导团队改进。

3. 有效安排每日站立会事项、组织会议和审计项目复盘。

4. 促进跨职能团队内各角色之间的密切合作。

5. 协助审计计划负责人准备和优化待审计项目。

6. 清除障碍。

7. 保护团队不受外部影响。

审计目标

审计目标是对审计项目目的的陈述，应直接关联到组织战略。

审计计划负责人（产品经理）

首席审计执行官（CAE）或审计总监对审计计划负主要责任。审计计划的制订需要与高级管理层共同完成。由于各团队紧密合作，最终的审计计划将解决高级管理层最关心的问题。审计计划负责人的职责包括但不限于：

1. 协调高级管理层和董事会，制订审计计划并确定审计项目优先级。

2. 不断调整风险和审计项目优先级，以交付最有价值的工作。

3. 接受或拒绝团队交付的工作。

4. 根据管理层的需求和时机，确定洞察报告发布的节奏。

审计程序／冲刺

冲刺是审计项目的子集。在某些情况下，冲刺可能由审计程序或控制组成。由于我们将专注于实现真正基于风险的审计方法，理想的冲刺应基于待审查的风险。冲刺通常持续一到两周，两周冲刺最为常见。

审计项目团队／敏捷团队

审计项目团队是整个敏捷审计过程的核心。团队旨在探究审计范围内的风险、评估控制，并确定是否有必要向管理层反馈问题。其职责包括：

1. 敏捷审计团队通常是跨职能团队，一般由3～5人组成。

2. 定义、构建、开展和交付风险与控制测试。

3. 团队成员致力于特定价值流的交付。

4. 某些角色可能在多个团队间共享（例如，数据分析、IT、合规）。

5. 计划每项审计项目并承诺实现审计目标。

6. 根据国际内部审计师协会（IIA）标准进行质量复核。

7. 作为敏捷审计团队，通过实施敏捷审计活动交付价
   值、收集反馈，并确保持续改进。

审计报告

审计报告是审计团队就审计过程中发现的问题进行沟通的最终
成果。虽然需要审计报告来传达审计结果，但审计报告本身并非硬
性要求，关键是沟通，而沟通可以通过更好的形式实现。

审计时间表 / 时间盒

最终审计计划、审计项目和冲刺都在一个被称为审计时间表的
固定时间范围内运行。审计时间表的日期是固定的，因为整个审计
部门将在同步的周期内运行。

燃尽图

虽然有许多审计进度报告，但燃尽图是一种独特的图形表示
法，用于表示审计时间表中的剩余工作量与剩余时间。燃尽图是未
完成工作与目标时间表相比较的走势图。未完成的工作通常位于纵
轴，而时间则位于横轴。

节奏

节奏是指事件发生的固定频率。敏捷审计应按照设定的频率

（通常为两周一次）开始和结束审计项目的冲刺，以此确保所有审计委员会的洞察都能在同一时间得到更新。

联合确认

联合确认是一种针对 GRC 活动的方法，不同确认团队通过协作来减少重复测试，同时为组织的风险应对提供全面视角。

控制

控制是指用于降低风险对组织实现目标的影响或可能性的过程。

数据分析

数据分析是对系统性的、计算机辅助的信息分析，用于发现数据集中的异常、模式或其他洞察，同时也支持基于信息的决策制定。

每日团队会议 / 每日 Scrum/ 每日站立会

会议由审计团队和被审计方参加。虽然一些审计经理已经开始召开每日会议，但每日站立会是一项特殊活动。会议的目的是讨论进度和障碍，而不是回顾过去。

定义完成

定义完成是一种用于确定审计项目是否完成的正式指标。传统审计往往缺乏审计范围的明确界限。我们通常基于某一审计程序的完成宣布审计项目完成；而敏捷审计方法是基于具体风险及其相关控制来开展的，因此我们测试了与风险相关的关键控制之后即可宣布审计项目完成。

审计计划草案 / 待审计项目清单

在完成风险评估之后，我们制定了一份可能开展的审计项目清单。此时，我们尚未确定审计计划，因为待审计项目清单包含可能纳入或不纳入最终审计计划的审计项目。在传统审计环境下，审计计划是内部审计部门计划在未来一至三年内完成的审计项目清单。该审计计划是基于对组织的风险评估制订的。

最终审计计划 / 史诗

在对审计计划草案进行优先级排序后，我们确定了在规定时间内执行的最终审计项目清单。敏捷审计计划是基于接下来一个季度内影响组织的按风险优先级排序的待审计项目清单，且审计计划会根据每季度的风险评估动态更新，并根据管理层意见和其他信息来源更新优先级次序。

治理、风险与合规（GRC）

GRC 是治理、风险和合规三个单词的首字母缩写。治理、风险与合规是高级管理层和董事会的职能，旨在保持对企业风险的控制。

问题中期更新 / 冲刺复盘

在冲刺结束时，审计团队必须与被审计方分享成果。每周 / 每两周举行的会议复盘了在冲刺中完成的工作范围、成功方面、待改进方面以及行动计划。审计团队和利益相关方参与会议，共同复盘当前冲刺中审计的风险及发现的问题。

质量评估团队 / 独立测试团队

并非所有审计部门的规模都足以维持一个完整的独立测试或质量评估团队，但所有审计项目都必须经过复核。

风险与控制矩阵（RCM）

RCM 是风险与控制矩阵（risk and control matrix）的首字母缩写。RCM 通常在审计计划阶段制定，并且应当包括风险评估中作为起点的风险。

复盘会议

敏捷思维的一个重要特征是持续迭代。复盘会议旨在促进团队人员对审计项目进行开放且有组织的讨论，以便进行流程迭代。我们将复盘会议分为四个部分：

项目回顾：复盘项目事实，包括目标、时间表、预算、重大事件和成功标志，并创建一个共享信息池，帮助每位团队成员回忆细节。

成功方面：确保团队成员分享他们在项目中学到的知识。目的是理解成功背后的原因，并肯定所有积极方面。

待改进方面：发掘团队目前面临的困难、问题和不满。不评判任何个人的表现或惩罚任何人，只须让对话顺利进行。

行动计划：能否实现真正的改进，是判断复盘会议是否取得成功的关键标准。为了实现改进，会议结束时，应制订具体的改进行动计划。行动计划应明确负责人和实施日期。团队成员应为未来的创新集思广益。

风险

风险是阻碍组织实现其目标的事件。IIA 标准建议基于影响和可能性来评估风险。

风险评估

风险评估是系统性地审查组织内所有相关风险的方法。

风险管理团队

风险管理团队是一支确认团队，负责识别、评估、管理和控制可能发生的事件。风险管理团队向高级管理层报告在考虑控制环境的情况下，组织目标实现的可能性及潜在风险敞口。

审计范围

审计范围是审计项目的界限。通过界定一个狭窄的审计范围，我们可以控制审计项目及分配给各团队的工作量。在敏捷审计中，审计范围可能只有一两项风险，这与传统审计方法中的完整流程审计不同。

Scrum 看板

虽然还有许多其他工具，但最常用的敏捷管理工具是 Scrum 看板。Scrum 看板将审计项目的管理阶段可视化。阶段名称可以根据实际情况设定，但应与以下列出的内容含义一致。Scrum 看板通常包含以下五到六列：

– 审计项目（敏捷术语中的故事）

– 待办

– 受阻（可选）

– 进行中

– 审核中

– 已完成

敏捷教练的每日站立会

敏捷教练将举行每日站立会，并在敏捷教练的每日站立会上向首席审计执行官汇报。敏捷教练的每日站立会是指所有敏捷教练集合起来向首席审计执行官汇报的一种会议形式。该会议旨在确保敏捷教练与首席审计执行官的纵向沟通以及与其他敏捷教练的横向沟通畅通无阻，从而避免重复工作。

领域专家（技术专家和行业专家）

领域专家是指审计团队中具有独特技能和知识的人员。我们常认为这类技能如数据分析等属于技术性技能，但实际上，领域专家的专长并不仅限于技术技能。领域专家可以是敏捷项目团队的正式成员，也可以因特定测试需要而引入。

萨班斯法案（SOX）

SOX（《萨班斯－奥克斯利法案》，2002 年发布）是对美国上市公司的一项监管要求，要求上市公司记录、测试并证明其财务报告内部控制（ICFR）的有效性。SOX 合规工作有时由内部审计部门协助，有时由专门团队执行，但控制措施始终由管理层负责。SOX 职能是一种确认职能。

冲刺／迭代

冲刺是指在审计过程中进行的为期一周或两周的工作迭代。我们根据风险排序执行敏捷审计，在审计计划中优先考虑最高风险，并在现场审计中首先处理这些风险。然后，我们将风险细分为控制措施，并将相关测试细分到各个冲刺中。一般来说，审计冲刺持续一到两周。在处理完第一个风险后，我们为团队分配下一个风险。通过这种方式完成工作，我们就能按风险评估的排名顺序处理优先级最高的风险。

冲刺复盘

冲刺复盘是一次会议，目的是有针对性、高效地传达上一次冲刺的测试结果。我们把冲刺会议分成四个步骤，整个会议仅持续 30 分钟。这四个步骤应写在白板上、投影在会议室或通过网络会议等方式共享给大家看。会议具体步骤如下：

步骤 1：设定背景（5 分钟）。

步骤 2：成功方面（10 分钟）。

步骤 3：待改进方面 (10 分钟)。

步骤 4：行动计划（5 分钟）。

作为成功范例，参会人员应限于决策者。

测试

审计师执行控制测试程序，以评估组织管理层实施的控制流程的效率和有效性。

国际内部审计师协会（IIA）和《标准》(IPPF)

国际内部审计师协会（IIA）是为所有内部审计师制定标准的国际组织。《国际内部审计专业实务框架》（IPPF）通常被称为《标准》，是由国际内部审计师协会颁布的概念性框架，该框架也是国际内部审计师协会组织颁布的权威性指南。

瀑布式 / 传统审计

瀑布式项目管理在传统审计计划编制中已使用多年。在传统审计环境中，审计计划按年度制订，审计项目作为独立项目创建。审计计划按季度完成，每季度进行一次进度报告。每项审计项目本身也应用瀑布式流程，包括计划、测试、复核和报告。

会 计 极 速 入 职 晋 级

书号	定价	书名	作者	特点
66560	49	一看就懂的会计入门书	钟小灵	非常简单的会计入门书；丰富的实际应用举例，贴心提示注意事项，大量图解，通俗易懂，一看就会
44258	49	世界上最简单的会计书	[美]穆利斯 等	被读者誉为最真材实料的易懂又有用的会计入门书
71111	59	会计地图：一图掌控企业资金动态	[日]近藤哲朗 等	风靡日本的会计入门书，全面讲解企业的钱是怎么来的，是怎么花掉的，要想实现企业利润最大化，该如何利用会计常识开源和节流
59148	69	管理会计实践	郭永清	总结调查了近 1000 家企业问卷，教你构建全面管理会计图景，在实务中融会贯通地去应用和实践
69322	59	中小企业税务与会计实务（第 2 版）	张海涛	厘清常见经济事项的会计和税务处理，对日常工作中容易遇到重点和难点财税事项，结合案例详细阐释
42845	30	财务是个真实的谎言（珍藏版）	钟文庆	被读者誉为最生动易懂的财务书；作者是沃尔沃原财务总监
64673	79	全面预算管理：案例与实务指引（第 2 版）	龚巧莉	权威预算专家精心总结的实操经验，大量现成的制度、图形、表单等工具，即改即用
75747	89	全面预算管理：战略落地与计划推进的高效工具	李欣	拉通财务与经营人员的预算共识；数字化提升全面预算执行效能
75945	99	企业内部控制从懂到用（第 2 版）	冯萌 等	完备的理论框架及丰富的现实案例，展示企业实操经验教训，提出切实解决方案
75748	99	轻松合并财务报表：原理、过程及 Excel 实战（第 2 版）	宋明月	87 张大型实战图表，教你用 EXCEL 做好合并报表工作；书中表格和合并报表编制方法可直接用于工作实务
70990	89	合并财务报表落地实操	蔺龙文	深入讲解合并原理、逻辑和实操要点；14 个全景式实操案例
69178	169	财务报告与分析：一种国际化视角	丁远 等	从财务信息使用者角度解读财务与会计，强调创业者和创新的重要作用
64686	69	500 强企业成本核算实务	范晓东	详细的成本核算逻辑和方法，全景展示先进 500 强企业的成本核算做法
74688	89	优秀 FP&A：财务计划与分析从入门到精通	詹世谦	源自黑石等 500 强企业的实战经验；七个实用财务模型
75482	89	财务数字化：全球领先企业和 CFO 的经验	[英]米歇尔·哈普特	从工程师、企业家、经济学家三个视角，讨论财务如何推动企业转型的关键杠杆
74137	69	财会面试实用指南：规划、策略与真题	宋明月 等	来自资深面试官的真实经验，大量面试真题
55845	68	内部审计工作法	谭丽丽 等	8 家知名企业内部审计部长联手分享，从思维到方法，一手经验，全面展现
72569	59	超简单的选股策略：通过投资于身边的公司获利	爱德华·瑞安	简单易学的投资策略，带你找到对你来说有可能赚钱的股票，避免错过那些事后会后悔没买进的好股票
73601	59	逻辑学的奇妙世界：提升批判性思维和表达能力	[日]野矢茂树	资深哲学教授写作的有趣入门书；适合所有想在工作、学习和生活中变得更有逻辑的人
69738	79	我在摩根的收益预测法：用 Excel 高效建模和预测业务利润	[日]熊野整	来自投资银行摩根士丹利的工作经验；详细的建模、预测及分析步骤；大量的经营模拟案例
60448	45	左手外贸右手英语	朱子斌	22 年外贸老手，实录外贸成交秘诀，提示你陷阱和套路，告诉你方法和策略，大量范本和实例
70696	69	第一次做生意	丹牛	中小创业者的实战心经；赚到钱、活下去、管好人、走对路；实现从 0 到亿元营收跨越
70625	69	聪明人的个人成长	[美]史蒂夫·帕弗利纳	全球上亿用户一致践行的成长七原则，护航人生中每一个重要转变